C.H.BECK WISSEN

Mit diesem Band liegt eine konzise und anschauliche Einführung in die Geschichte der Fotografie vor. Von den Anfängen bei Louis Daguerre und Henry Fox Talbot ausgehend, schildert Wolfgang Kemp wichtige Phänomene und Stationen wie z. B. den Piktorialismus um 1900, die berühmte Weltausstellung «The Family of Man» 1955 oder die «Life-Photography» Irving Penns und Richard Avedons. Das Buch endet mit dem Triumph der Fotografie: Sie ist inzwischen als Kunstform nicht nur vollständig anerkannt, sondern hat sich sogar zu einem Leitmedium zeitgenössischer Kunstproduktion entwickelt.

Wolfgang Kemp ist Professor i. R. für Kunstgeschichte an der Universität Hamburg. Bei C.H.Beck ist von ihm erschienen: «Die Räume der Maler. Zur Bilderzählung seit Giotto» (1996).

Wolfgang Kemp

GESCHICHTE DER FOTOGRAFIE

Von Daguerre bis Gursky

C.H.Beck

Mit 40 Abbildungen im Text, davon 5 in Farbe

1. Auflage 2011
2. Auflage. 2014

3. Auflage. 2019

Originalausgabe

Satz: Fotosatz Amann, Memmingen
Druck und Bindung: Druckerei C.H.Beck, Nördlingen
Reihengestaltung Umschlag: Uwe Göbel (Original 1995, mit Logo),
Marion Blomeyer (Überarbeitung 2018)
Umschlagabbildung: Man Ray, *Dora Maar*, 1936,

Printed in Germany
ISBN 978 3 406 73614 8

www.beck.de

Inhalt

Von den Anfängen 1839 bis zum Piktorialismus um 1900

Die vom Licht getragene Göttin

1857 schrieb Elizabeth Eastlake, die Gattin des Präsidenten der *Royal Society of Photography*, über die Fotografie: Sie «findet sich im prächtigsten Salon und in der ärmlichsten Dachwohnung, in der Einsamkeit einer Hütte im Hochland und im Glanz eines Londoner Gin-Palastes, in der Tasche des Detektivs, in der Zelle des Verurteilten, in der Mappe des Malers und Architekten, in den Papieren des Fabrikbesitzers und Fabrikanten und auf der kalten tapferen Brust auf dem Schlachtfeld.» Das war 18 Jahre, nachdem 1839 das neue Bildmedium mit großem Aplomb dem Pariser Parlament vorgestellt und damit dem öffentlichen Gebrauch übereignet worden war. 1889, im fünfzigsten Jubiläumsjahr der Erfindung der Fotografie, wurde der Fotograf Peter Henry Emerson allegorisch: «Unglaublich in der Tat scheint die alles durchdringende Kraft dieser vom Licht getragenen Göttin zu sein. Fotografie ist eine besonders wertvolle Waffe, die der Menschheit für ihr intellektuelles Weiterkommen gegeben wurde.» Im Jahrhundertjahr 1939 las man im Klappentext von Lucia Moholys *A Hundred Years of Photography*: «Wie viele unserer Errungenschaften der Moderne ist auch die Kamera zu einem integralen Bestandteil unseres täglichen Lebens geworden, so daß man oft ihren enormen sozialen und ökonomischen Einfluß unterschätzt.» Im Weiteren ist von der «world power» der Fotografie die Rede. Auf dem Umschlag dieses Penguin-Buches war die berühmte Lithographie von Honoré Daumier aus dem Jahr 1862 abgebildet, die er dem großen Pariser Fotografen Nadar (1820–1910) gewidmet hatte und deren Titel lautet: «Nadar erhebt die Fotografie zur Höhe der Kunst». (Abb. 1) Fast alle Häuser der summarischen Stadtansicht tragen die weithin sichtbaren Werbeinschriften der

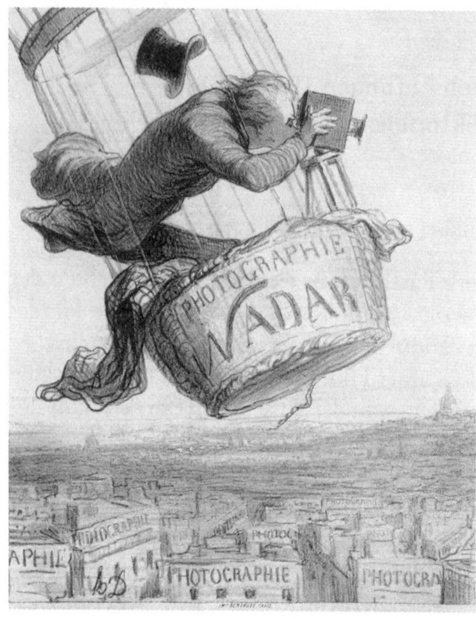

1 Honoré Daumier, Nadar erhebt die Fotografie zur Höhe der Kunst, 1862

Foto-Ateliers, die Fotografie ist überall, auf Erden wie am Himmel.

Tatsächlich hat Nadar mit einem Ballon, der ohne Übertreibung «Le Géant», «Der Riese», hieß, Ballonfahrten unternommen – die zweite führte ihn von Paris nach Hannover – und Luftbilder gemacht. Diese neue Anwendung der Fotografie beschrieb er in einem eigenen Buch mit dem Titel *Nouveau système de photographie aérostatique* (Neues System der areostatischen Fotografie). Nadar war ein berühmter Porträtfotograf (Abb. 10), aber im Zeitalter der Anwendungserweiterung des Mediums (siehe Eastlake) hat er mehr darauf gegeben, als Luftschiffer und Luftbildfotograf berühmt zu werden. Jules Verne, sein Mitarbeiter, hat seine Ideen und sein Vorbild in Romanen verarbeitet, in denen Technik als Abenteuer aufgefasst wird. Ein Abenteuer war es in der Tat: Bei der Landung in der Nähe von Hannover wurden Nadar und seine Frau schwer verletzt.

Der weltweite Triumph des neuen Mediums, der bis heute anhält, baute im 19. Jahrhundert auf einer ganz und gar nicht selbstverständlichen, ja man möchte eher sagen, unwahrscheinlichen Basis auf. Timm Starl hat das so ausgedrückt: «Ein Triumph der Bilder des Unwirklichen: farblos, unbewegt, verkleinert, zweidimensional, manche seitenverkehrt. Während der Glaube an den Fortschritt den ununterbrochenen Blick in die Zukunft verlangt, galten die bildlichen Belege des eben Vergangenen als die modernsten.»

Die Fotografie, eine Kunst?

Zu der unwahrscheinlichen Basis kamen die Probleme der Einordnung des neuen Verfahrens hinzu. Daumiers Lithographie sagt im Titel etwas ganz anderes, als sie zeigt: Nadar erhebt die Fotografie nicht (nur) zur Höhe einer Luftbildaufnahme, sondern zu den Höhen der Kunst. Elizabeth Eastlake forderte Fotografien auch in den Mappen der Maler und Architekten und verwies so auf den indirekten Nutzen der Fotografie für die Kunst. Nun lag Daumiers Intention vielleicht darin zu zeigen, dass die Fotografie die quasiontologische Erhebung zur Kunst geschafft habe. «Die Worte», schreibt Heinrich Guttmann 1930, «waren als Ironie gedacht. Sie erwiesen sich als Wahrheit.»

Wir steuern diesen Punkt an, weil wir in dieser Darstellung die Fotografie als künstlerisches Medium favorisieren. Fotografie ist das erste Neue Medium, und Neue Medien haben an sich, dass ihre Applikation einmal quer durch das Ganze der Weltverhältnisse schneidet: der sozialen, wissenschaftlichen, politischen, ästhetischen Gegebenheiten. Nie wird die Fotografie sich als Ganze «zur Kunst erheben». Sie kann es als spezielle Applikation tun, kann «Kunst mit Fotografie» schaffen, wie es heute heißt. Damit ist das Problem der Zuordnung aber noch nicht gelöst. Schon in den 50er Jahren des 19. Jahrhunderts war die Option der Fotografie auf den Kunstrang ausgestellt worden. Das am stärksten diskutierte Foto-Kunstwerk der Epoche stammte von Oscar Gustav Rejlander (1813–1875), einem gebürtigen Schweden. Der Kunstanspruch führte ihn zu einer Frühform der Montage, der sogenannten Kompositionsfotogra-

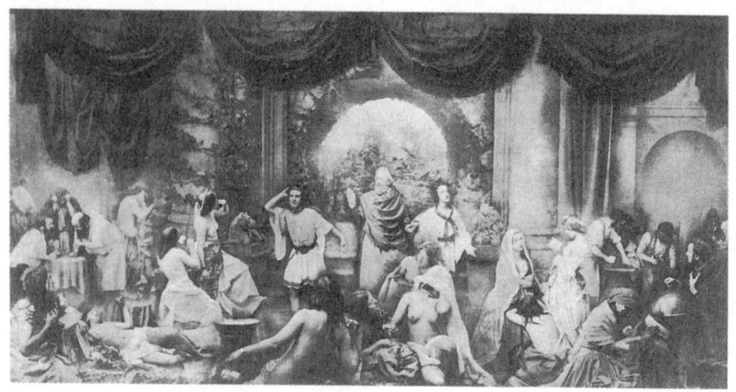

2 Oscar Gustav Rejlander, Die zwei Wege des Lebens, 1856

fie, bei der die gewünschten Details einer Aufnahme nacheinander auf einen Bildträger kopiert wurden. Der Rest wurde durch Masken ausgeblendet. 1857 schuf Rejlander die aus 32 Einzelaufnahmen zusammengesetzte allegorische Fotografie *The Two Ways of Life* (Abb. 2). Das vielfigurige Tableau folgt der alten und in Drucken weitverbreiteten Ikonographie des breiten und des schmalen Wegs, des Wegs der Verdammnis und des Wegs des Heils nach Matthäus. Es nimmt also Bezug auf eine populäre und moralische Bildtradition, übersetzt aber diese Vorlage in das hohe akademische Idiom der Allegorie und benutzt als Kombinationsgrundlage ebenfalls vielfigurige Werke wie Raffaels *Schule von Athen* oder Coutures *Römer der Verfallszeit*. Auch das exorbitante Format von 78 x 40,6 cm zeigt an, dass der Fotograf Großes vorhatte. Die Hauptpersonen sind ein alter, «weltweiser» Mann in der Mitte und zwei etwas ratlose Jünglinge, die sich vorsichtig der Seite mit den Vergnügungen und der Laster sowie der Seite mit den Tugenden und ernsten Beschäftigungen nähern. Um die Partie der Verdammnis anschaulich zu machen, brachte der Künstler hier fünf halbnackte Frauen unter – dazu konnte er sich auf die lange Tradition der nackten weiblichen Allegorien stützen, aber er hatte auch einzukalkulieren, dass diese Nuditäten ein reales Abbild waren. Es gab prominente Unterstützer: Königin Viktoria erwarb einen

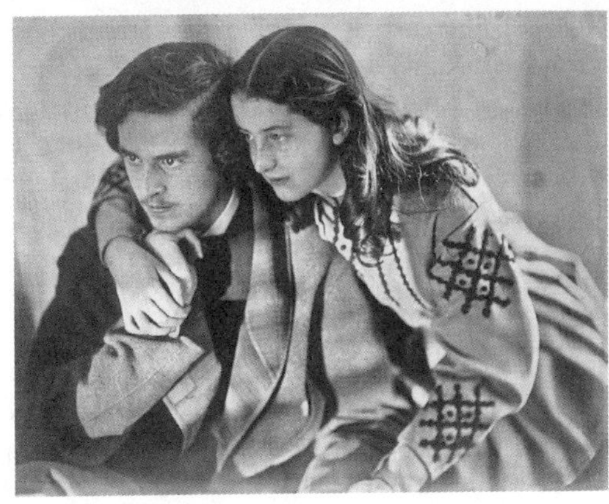

3 Oscar Gustav Rejlander, Mister and Miss Constable, 1866

Abzug für ihren Ehemann. Doch die Zahl und Macht der Gegner war größer: In Edinburgh wollte man das Werk nicht ausstellen; erst ein Jahr später wurde es dort gezeigt, aber die anstößige Hälfte blieb verhüllt. Rejlander hielt zur Verteidigung einen langen Vortrag vor der Londoner Gesellschaft, in dem er Element für Element seiner Komposition durchnahm und die dabei angewandten technischen Tricks erläuterte. Dies war vermutlich die erste ausführliche Lektüre und technische Erläuterung einer Fotografie, aber sie brachte ihm nicht die gewünschte Entlastung. Der Blick in die Werkstatt wurde nicht honoriert, er bestätigte alle Vorurteile, die Fotografie als mechanische und manipulative Kunst betreffend. Es gibt Darstellungen, die Rejlanders Karriere mit dem Skandal um dieses Werk beendet sehen. Davon kann aber keine Rede sein; er hat noch viele, auch erfolgreiche Bilder geschaffen, man kann jedoch sicher sagen, dass er diesen Vorstoß auf das Gebiet der «künstlerischen Fotografie», wie sie damals schon hieß, eher bereut hat.

In der Fotografiegeschichte stand lange Zeit nur sein Hauptwerk für bzw. gegen ihn – dass er ein großer Porträtfotograf war, blieb eher unbekannt und macht heute seinen Ruhm aus. Auch in dem hier ausgewählten Porträt eines Paares (Abb. 3) unterließ er das Inszenieren nicht, und vielleicht retuschierte er auch, was er gerne tat, aber er verzichtete ganz auf Ausstattung und Attribute, setzte dafür eine Art Streiflicht ein, das in einem lebendigen Kontrast mit Personen und Kleidern steht. Es scheint auch so, als würde er den Verzicht auf sachliche Ausstattung und erzählerische Momente, an denen ihm in seinen anderen Arbeiten so viel lag, durch die gleichgerichtete Intensität der Blicke ersetzen. Und mit dem stark zur Seite gerichteten Blick antizipiert er eine Mode der Porträtfotografie, die erst viel später um sich greift, in den 20er und 30er Jahren des 20. Jahrhunderts.

Heute ist inszenatorische Fotografie schon fast so etwas wie ein Leitmedium geworden. Die Namen Anna und Bernhard Blume, Duane Michals, Cindy Sherman und Jeff Wall fallen einem als Erste ein. Wir werden sie im letzten Kapitel behandeln. Auch der «Kombinationsprint» ist zurück, wenn auch auf ganz anderer technischer Basis: als digitale Bildbearbeitung. Wir denken hier an Jeff Wall, der seine Tableaus aus vielen Einzelaufnahmen zusammensetzen kann. Selbst die direkte Anlehnung, ja das Zitat historischer Gemälde ist gang und gäbe. Auf Jeff Walls Dialog mit Édouard Manet (vgl. Abb. 33) wurde oft verwiesen, nicht zuletzt von ihm selbst, Cindy Sherman hat eine ganze Serie *History Portraits* (1988–1990) nach Meisterwerken der Kunstgeschichte geschaffen. Doch damit ist die Kritik an Rejlanders so vergleichbarem Ansatz nicht entwertet. Sehen wir einmal von dem peinlichen Versuch ab, seine Ausstellung nackter Frauen als hochmoralische Botschaft zu chiffrieren, so lässt sich nur im Sinne von Arthur Danto sagen, dass zu jeder Kunstepoche eine «künstlerische Theorie, eine Kenntnis der Geschichte der Kunst, eine Kunstwelt» gehört. In den 1980er Jahren hat sich die inszenatorische und kunstnahe Richtung gegen die Street Photography, gegen den Dokumentarismus, aber auch gegen konzeptionelle Strömungen in der Kunstwelt positioniert. Es gab also genug, wogegen man sich absetzen konnte und musste, und das bis dato als «unfotografisch» Verpönte wurde «zur Höhe der Kunst erhoben». In Rejlanders Zeit musste eine Gattungsnorm wie «das Fotografische» überhaupt erst gefunden und durchgesetzt werden. Erst danach konnte man sich Neues oder auch Altes vornehmen. Was die Fotografie eigentlich sei, darüber ist in den ersten Jahrzehnten nach ihrer

Erfindung mit großer Intensität gestritten worden. Dorthin, zu den Anfängen, gehen wir jetzt erst mal zurück.

Die Erfindung der Fotografie I

«Die Erfindung [der Fotografie] war nicht zufällig», schrieb Heinrich Schwarz, dem wir die erste monographische Arbeit über ein fotografisches Studio – das von Hill und Adamson – verdanken. Sie erschien 1931. Er war vielleicht der Erste, der die Ursprünge nicht mehr isoliert betrachtete, «sondern aufs engste verbunden mit allen anderen gleichzeitigen Äußerungen wissenschaftlicher und künstlerischer, sozialer und wirtschaftlicher, technischer und ästhetischer Art». So werde «die Photographie als charakteristisches Symptom und unausweichliches Ergebnis einer allgemeinen Wandlung der Anschauungen» aufgefasst.

Als erstes der neuen Medien leitet Fotografie den Übergang vom Sinn zu den Sinnen ein, um eine Formulierung von Jochen Hörisch aufzugreifen. Oder, wie Hörisch auch sagt, Fotografie ist ein Realitätsverstärker, sie widmet sich der Aufzeichnung einer Fülle indifferenter Daten, sie baut auf und fördert die Sensibilität für die immanente Beschaffenheit von Natur und Kultur. Und sie tut dies scheinbar ohne menschliches Zutun. Hegel, kein Freund der zu seiner Lebenszeit erst gerade ansetzenden realistischen Tendenzen in der Kunst, noch nicht in der Fotografie, meinte, das neue Verfahren bestünde darin, «das, was ist und geschieht, als bloß Einzelnes, d. h. seiner bedeutungslosen Zufälligkeit nach, aufzunehmen». David E. Wellbery hat dieses Statement so kommentiert: «diese bloße Aufnahme ließe sich nur dort verwirklichen, wo sich die Kunstproduktion in (relativer) Unabhängigkeit von der Formung durch menschliches Handeln etabliert. Diese Bedingung ist erstmals gegeben mit der Erfindung der Fotografie, die die Bildproduktion aus dem leiblichen Intentionsraum von Hand und Auge befreit. Die Fotografie ist die Prosa der Bildwelt. Nicht nur stellt sie Kontingenz dar, ihre Produktionsweise entfaltet sich als kontingentes Geschehen.»

Darauf, auf ihr Nichtbeteiligtsein, waren die Fotografen zunächst einmal sehr stolz. Henry Fox Talbot, einer ihrer Erfinder, nennt die Fotografie den «Prozeß, durch den natürliche Objekte dazu gebracht werden, sich selbst abzubilden ohne die Hilfe des Stiftes eines Künstlers». Ganz ähnlich hatten Nicéphore Niépce und Daguerre bereits 1829, also zehn Jahre vor der Veröffentlichung ihres fotografischen Verfahrens, dieses als «von selbst vor sich gehende Reproduktion der in der Camera obscura aufgefangenen Bilder» bezeichnet. Fotografie als automatische Aufzeichnung musste in den Zeiten der sich etablierenden exakten Wissenschaften, des Empirismus und Realismus als unbedingter Vorteil gelten. «Kunst und Wissenschaft suchen auf verschiedenen Wegen dasselbe Ziel zu erreichen: die objektive Registrierung der sichtbaren Erscheinungen.» (Heinrich Schwarz) Bemerkenswert ist in diesem Zusammenhang, dass die Erfinder der Fotografie Dilettanten waren, Dilettanten auf dem Gebiet der bildenden Künste (Talbot, Niépce, Bayard) und der Wissenschaften (Daguerre, Niépce, Bayard). Sie erfanden am Übergang vom dilettantischen zum wissenschaftlichen Zeitalter eine Maschine, die Berufsstände wie die Miniaturmaler und Porträtisten außer Brot setzte, und gleichzeitig erfanden sie das erste neue Medium, das der Wissenschaft dient, weil es – wie gesagt – Tatbestände ohne menschliches Zutun aufzeichnet. Oder, nicht ganz so extrem gesagt, weil der Fotograf nie eine totale Kontrolle über die Aufzeichnung hat.

Das Optisch-Unbewusste

Henry Fox Talbot bemerkte 1844: «Es geschieht überdies häufig, dass der Fotograf selbst bei einer solchen späteren Überprüfung entdeckt, dass er viele Dinge aufgezeichnet hat, die ihm zur Zeit der Aufnahme entgangen waren – und es macht zum Teil den Charme der Fotografie aus. Manchmal findet man Inschriften und Daten auf Gebäuden oder ganz unbedeutende Anschläge; manchmal erkennt man das entfernte Zifferblatt einer Uhr und auf ihr – unbewusst festgehalten – die Uhrzeit, zu der die Aufnahme gemacht wurde.» Was Talbot auch die «unbewusste Aufzeichnung» nannte, wird einige Jahrzehnte später und auf technischer Basis dem gestaltenden Zugriff des Fotografen gänzlich entzogen. Die Phasenfotografie schneller Bewegungsabläufe, die Eadweard Muybridge seit 1872 aufnahm, konnte nachweisen, dass ein Pferd tatsächlich für den Bruchteil einer Sekunde alle vier Hufe in der Luft hat. Noch einmal 60 Jahre später, in der Zeit des Surrealismus und der Hochgeschwingkeitsfotografie, wurden solche Leistungen zu einer Hauptattraktion des Mediums. Walter Benjamin schreibt in seiner *Kleinen Geschichte der Fotografie* 1931: «Es ist ja eine andere Natur, welche zur Kamera, als welche zum Auge spricht; anders vor allem so, daß an die Stelle eines von Menschen mit Bewußtsein durchwirkten Raums ein unbewußt durchwirkter tritt. Ist es schon üblich, daß einer, beispielsweise, vom Gang der Leute, sei es auch nur im groben, sich Rechenschaft gibt, so weiß er bestimmt nichts mehr von ihrer Haltung im Sekundenbruchteil des ‹Ausschreitens›. Die Fotografie mit ihren Hilfsmitteln: Zeitlupe, Vergrößerungen erschließt sie ihm. Von diesem Optisch-Unbewußten erfährt er erst durch sie, wie von dem Triebhaft-Unbewußten durch die Psychoanalyse.»

Fotografien können also eine «Sichtbarkeit jenseits der Intention» (Sigrid Weigel) aufweisen. Was die einen feierten, die optisch nicht genug bekommen konnten, war für die anderen der sicherste Grund, den Kunstanspruch des neuen Mediums abzuwehren. Baudelaire dekretierte in der Salonkritik von 1846: «Die Kunst, da sie nichts anderes ist als eine Abstraktion und ein Opfer des Details zugunsten des Ganzen, muss sich vor allem mit der Wirkung der Massen beschäftigen.» Mit Massen ist die Wirkung der großen, zusammenhängenden Partien angesprochen; in englischen Verlautbarungen dieser Zeit heißt das «breadth», Breite, summierende Wiedergabe. Der Maler Hippolyte Delaroche schlug zur gleichen Zeit in dieselbe Kerbe, als er vermerkte: «Der große Künstler konzentriert das Interesse, indem er die unnützen und dummen Details unterdrückt.» Baudelaire wünschte sich Fotografien «mit der Unschärfe einer Zeichnung». Er wusste, dass nur unscharfe, vage Züge die nötige «Assoziationstätigkeit» auslösen, um die Erinnerung anzuregen. Nicht widerstandslos, aber doch im Endeffekt beeindruckt von dieser Kritik am Medium Fotografie haben sich dann zahlreiche Fotografen im 19. Jahrhundert zur Reduzierung der Detailinformationen, zur Pflege der «Massen» entschlossen und sind der «Hölle der Details» (Benjamin) entronnen. Davon wird noch zu hören sein.

Die Erfindung der Fotografie II

Die Fotografie wurde zur gleichen Zeit mehrfach erfunden, schrieb Heinrich Schwarz in seiner oben erwähnten Monographie: «Die Duplizität der Bemühungen, die fast gleichzeitig und zunächst unabhängig voneinander der Erfindung der Fotografie gewidmet waren, erweist ihre zeitliche Notwendigkeit und führt die persönliche Tat der Erfindung auf den historisch bedingten Willen einer höheren Macht zurück. In einer neuen sozialen Ordnung und in einer neuen, aus wissenschaftlichen Voraussetzungen hervorgegangenen ästhetischen Stellung der Menschen zu seiner Umwelt war die Erfindung auf das tiefste begründet.» In Frankreich war es der Particulier und Dilettant Nicéphore Niépce (1765–1833), der seit 1814 experimentierte und 1827 mit ersten Ergebnissen an die Öffentlichkeit trat, worauf dann ab dieser Zeit der Dioramenmaler Louis Daguerre (1787–1851) seine Versuche fortsetzte und zum Erfolg führte, der in der öffentlichen Annahme der Erfindung der Fotografie durch das Parlament im Juli 1839 kulminierte. Erste Meldungen über das neue Bildmedium gelangten aber schon Anfang desselben Jahres in die Presse, sodass in England und Frankreich zwei Parallelerfinder ihre Anstrengungen verstärkten. William Henry Fox Talbot (1800–1877) war ein englischer Dilettant im besten Sinne, der auf den Gebieten der Mythologie, Sprachwissenschaft, Mathematik, Lokalgeschichte ebenso viel leistete wie auf dem Gebiet der graphischen Künste. Mit zeichnerischen Fähigkeiten nicht begabt, versuchte er erst die Hilfsmittel der Camera obscura und der Camera lucida, bis er erste Versuche mit kameraloser Fotografie, dann mit der Kamera machte, die zuerst wie im Fall Niépce sein Haus festhielt. Das war 1834. Alarmiert durch die Meldungen über die französischen Erfindungen trat Talbot im Januar und Februar 1839 an

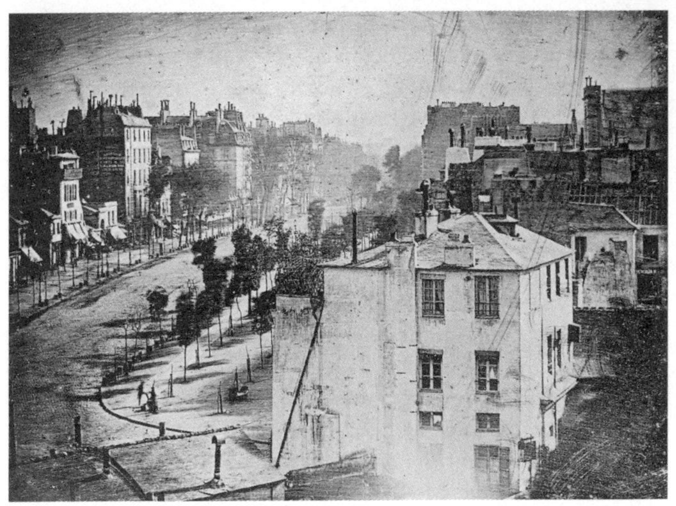

4 Louis-Jacques-Mandé Daguerre, Boulevard du Temple, 1839

die Öffentlichkeit. Sein erster Traktat trug den Titel: *Some account of the art of photogenic drawing, or the process by which natural objects may be made to delineate themselves without the artist's pencil.* Das sagte schon eine Menge, und auch die kritische Frage nach den Namen für das neue Ausdrucksmittel ist hier schon fast beantwortet. «Photogenic drawing» heißt soviel wie: durch Licht hervorgebrachte Zeichnung. Aber schon im gleichen Jahr gebrauchte Talbot in seinen Tagebüchern das Wort «Photography», und «photographie» nannte der Naturwissenschaftler Arago das neue Verfahren, als er es ebenfalls 1839 dem Parlament vorstellte. Doch es sollte dauern, bis dieser Begriff, griechisch für Lichtschrift oder Lichtzeichnung, sich durchsetzte. Bezeichnungen wie Heliographie oder Kalotypie, aber auch personenbezogene Benennungen waren im Umlauf: Die Franzosen sprachen von Daguerreotypie, die Engländer von Talbotypie.

Die Erfindung der Fotografie basiert auf Johann Heinrich Schulzes Entdeckung der Lichtempfindlichkeit der Silbersalze im Jahr 1727. Daguerre arbeitete mit jodierten Silberplatten, Positiven und Unikaten, deren in der Kamera erzeugtes Bild durch Quecksilberdämpfe sichtbar und dauerhaft gemacht wurde. Das Ergebnis waren silbrig glänzende Scheiben. Talbot dagegen (und auch Bayard, s. u.) arbeitete mit Papier, mit Papiernegativen, die im Kontaktabzug beliebig oft auf sensibilisierte Papierpositive übertragen werden konnten. Damit war «die Voraussetzung für die prinzipiell unendliche Vervielfältigung von Fotografien» (Susanne Holschbach) geschaffen. Das Ergebnis war grundverschieden von der Wirkung der glänzenden Silberplatten. Talbot und seine Gefolgsleute konnten auf Büttenpapier «drucken» und eher malerische Effekte erzielen. Die unterschiedlichen Ergebnisse der Fotografie auf Metall und auf Papier waren auch den Franzosen klar. Francis Wey schrieb 1851 in der Zeitschrift *La Lumière*, die Fotografie auf Papier «stützt sich auf die Massen, reduziert das Detail wie ein geschulter Meister, unterstützt die Theorie des Opfers und stärkt hier die Form, dort den Kontrast der Töne». Damit bezieht er sich auf den oben zitierten Charles Baudelaire und seine positive Bewertung des «Opfers der Details».

Fotografiert wurde, was sich nicht bewegte. Die berühmte, dem bayerischen König gewidmete und heute total geschwärzte Aufnahme Daguerres (Abb. 4) zeigte eine stark belebte Stadtszenerie, aber die Passanten und Kutschen sind nur als geisterhafte Schatten ahnbar – die einzige Ausnahme: der Mann, der mit ausgestrecktem Bein lange genug auf dem Podest eines Schuhputzers ausharrte, um sich erkennbar auf die Platte zu bannen. Er war der erste Mensch, den die Fotografie im Bild festhielt. Es wird gesagt, dass Talbot seine Kamera auf ein Detail seines Wohnsitzes richtete, die Blende öffnete, eine Weile spazieren ging, um dann die Aufnahme zu beenden (Abb. 5). Diese Beispiele sind aber nicht nur in technischer Hinsicht lehrreich, sie sagen auch sehr viel über die Themenwahl der Anfänge aus. Alle Erfinder der Fotografie – und Timm Starl, den wir zitieren, nennt ihrer sechs – «postierten in einer ihrer frühesten Aufnahmen die Kamera in die Abgeschlossenheit eines Zimmers und richteten das Objektiv durch das Fenster auf die

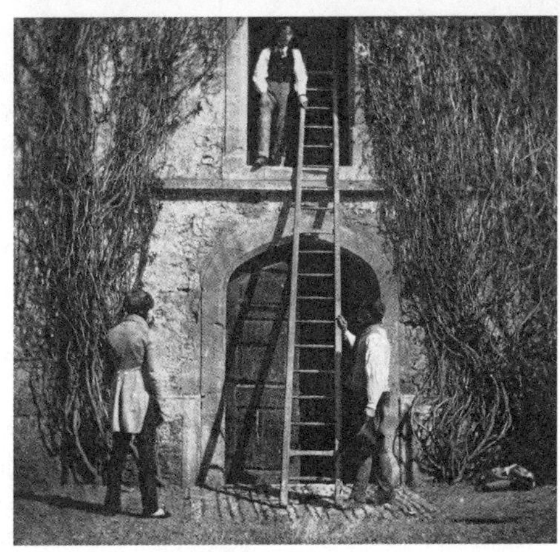

5 William Henry Fox Talbot, Die Leiter, 1847

Straße. Als hätten sie das nämliche Ziel vor Augen gehabt: die Sicherheit der bekannten Umgebung zu verlassen und das Abenteuer der Ungewißheit zu suchen, die Intimität des Privaten zu durchbrechen und auf jenen Ort zu blicken, der wie kein anderer die Anonymität öffentlichen Lebens repräsentiert.» Man kann diese Fixierung auf den Blick aus Zimmer und Fenster auch noch etwas anders sehen und auf die unbewusst gesuchte Analogie von *Camera obscura* und Kammer, sprich Innenraum, verweisen. Auf jeden Fall muss man festhalten, dass alle Pioniere der Fotografie zuerst ihr Haus oder von ihrem Haus aus fotografiert haben. Die Fotografie ist auch ein besitzanzeigendes Medium.

Die Erfindung der Fotografie III

Der vierte Erfinder der Fotografie heißt Hippolyte Bayard (1801–1887). Er war Beamter im Pariser Finanzministerium, und es wird gesagt, dass er seine ersten fotografischen Versuche schon in den 20er Jahren vom Fenster seines Büros aus unternahm. Er brachte sein Verfahren, herausgefordert durch den Prozess der öffentlichen Anerkennung Daguerres um 1839/40, zur Anwendungsreife, wurde aber für seine Leistungen eher abgefunden als anerkannt. Er entwickelte ein Direktpositivverfahren auf Papier. Bayard war der Erste und Einzige unter den Erfindern der Fotografie, der seine Rolle in diesem Prozess interpretierte – bildlich. Es sind drei leicht variierende Versionen seines Selbstbildes als Toter erhalten (Abb. 11). Hans-Michael Koetzle hat in seinen *Photo-Icons* dieser Fotografie von 1840, der ersten Selbstinszenierung, eine lebendige Beschreibung gewidmet: «Im Zentrum des Bildes ein Mann, nicht mehr ganz jung, aber auch noch nicht gezeichnet von den Fährnissen des Lebens. Schätzen wir ihn auf Mitte, Ende 30. Bis etwa zum Bauchnabel ist sein Oberkörper nackt. Keine athletische Gestalt, eher jemand, der seine Zeit am Schreibtisch zubringt, aber wohl auch ausgedehnte Stunden im Freien, in der Sonne, wie die gebräunten Hände und das nicht minder gebräunte Gesicht belegen. Ein langes, schweres, gemustertes Stück Stoff dient Kopf und Rücken als komfortable Unterlage, zieht sich über Lenden, Oberschenkel und Knie und verdeckt so den Unterleib. Der Namenlose wirkt entrückt. Die Hände ruhen im Schoß. Schläft er? Ist er tot? Die Anlage der Fotografie scheint vorderhand die Frage zu beantworten. Unübersehbar knüpft dieses frühe Kamerabild an die christliche Ikonographie an, wo für gewöhnlich die Kreuzabnahme Christi auf diese Weise dargestellt wird. Auch das Leichen- oder Grabtuch fehlt nicht. Einmal mehr spielt es eine für die Komposition wichtige Rolle, unterstreicht in diesem Fall die bildbestimmende Diagonale von links unten nach rechts oben, kontrapunktisch aufgefangen durch den breitkrempigen Strohhut an der Wand sowie eine nur schemenhaft erkennbare Vase unten rechts im Bild.» Die Rückseite der Fotografie hat Bayard mit seiner Todeserklärung beschriftet und signiert. Sie ist gleichzeitig eine Anklage an die Welt und die Autoritäten, welche die Erfindung dieses «Toten» nicht anerkennen wollten. Ich habe einmal an anderer Stelle bemerkt, wie viele Erfindungen diesem enttäuschten Erfinder mit seiner Aufnahme gelungen sind: die erste Anwendung von «directorial photography», also inszenatorischer Fotografie, der erste männliche Akt, das erste Auftreten von «body art», das erste Tatortfoto, der erste Einsatz einer Fotografie für Beweiszwecke, die erste Verwendung von Fotografie für Scherz, Ironie und höhere Bedeutung und die erste Identifikation der Fotografie mit dem Tod – Stichwort «Mortifikation». Wichtig außerdem in mediengeschichtlicher Hinsicht: die erste Bildpostkarte, die erste Kombination von Text und fotografischem Bild zum Pamphlet.

Wie Rembrandt, nur besser: David Octavius Hill und Robert Adamson

Als er die Daguerreotypie dem französischen Parlament im Juli 1839 vorstellte, nannte der Physiker Joseph Louis Gay-Lussac sie ein Mittel, «um die tote Natur mit einer für das gewöhnliche Verfahren der Zeichnung und Malerei unerreichbaren Vollkommenheit darzustellen, mit einer Vollkommenheit gleich der Natur selbst». Wenn man also in den Anfängen stolz war, dass «das mit der Hand gezeichnete Bild sich nicht messen kann mit der Wahrheit und Treue» der Fotografie, so wurde spätestens nach 1850 das gegenteilige Argument immer lauter, welches der Fotografie eine mechanische Wirklichkeitswiedergabe ohne jegliche Selektion und Akzentsetzung vorwarf. Ab jetzt spaltet sich die innerfotografische Diskussion in die gerade angesprochenen Gegner der Genauigkeit und diejenigen Stimmen, die zwar die anhaltende Begeisterung über den Detailrealismus der Fotografie nicht teilen, diese aber aufgrund der ihr eigenen Mittel als Kunst gewertet wissen wollen. Marcus Root schrieb 1852, dass «Sonnen-Malerei nicht (wie häufig angenommen) ein bloß mechanisches Werkzeug, sondern eine Schöne Kunst ist», und führte dies auf die individuellen Entscheidungen zurück, die zu einer Fotografie führen: die Wahl der Beleuchtung, des Standpunkts, des Bildausschnitts. Da war also um 1850/60 schon der Baukasten einer Grammatik der fotokünstlerischen Bildmittel zusammen – auch ohne Inszenierung und aufwendige Dunkelkammerarbeit à la Rejlander.

Zu den frühen Fotografen, welche diese fotogenen Mittel überlegt einsetzten, gehört der Schotte David Octavius Hill (1802–1870), der aber natürlich auch durch die Verwendung der Talbotypie und durch seine Ausbildung als Maler einen gewissen Vorteil in Sachen Kunstnähe hatte. Er wurde durch den Naturwissenschaftler und Fotoexperimentator David Brewster auf das neue Medium und auf den ebenfalls an Fotografie interessierten Robert Adamson (1821–1848) hingewiesen. Die beiden hatten sich für kurze Zeit, bis 1847, als führendes Fotoatelier in Edinburgh etabliert. Walter Benjamin hat diese Phase der frühen Fotografie mit besonderem Wohlwollen betrachtet. Seine Bezugsquellen waren unter anderem Heinrich Schwarz und sein 1931 erschienenes Buch *David Octavius Hill. Der Meister der Fotografie*, das Werk eines Kunsthistorikers. Benjamin wendet andere Qualitätskriterien an als ästhetische. Wenn ein Zeitgenosse die «Prints» mit Rembrandt verglich, «nur besser», sah Benjamin das Gelingen darin begründet, dass die Belichtung so lange dauerte, also ein Mehr an Übertragung zwischen Person und Bild Letzteres substanzieller machte. Weil diese Fotografen den engeren Familien- und Freundeskreis ablichteten, konnten sie, so Benjamin, eine intimere Beziehung zu ihren Modellen entwickeln. Hinzu kommt für ihn die Intimität der Aufnahmelokalität, die bei Hill und Adamson nicht das Studio war, sondern sehr oft ein Friedhof. «Nichts ist für diese Frühzeit bezeichnender, es sei denn, wie die Modelle auf ihm zu Hause waren. … Nie aber hätte dieses Lokal zu seiner großen Wirkung kommen können, wäre seine Wahl nicht technisch begründet gewesen. Geringere Lichtempfindlichkeit der frühen Platten machten eine lange Belichtung im Freien erforderlich. Dies wiederum ließ es wünschenswert scheinen, den Aufzunehmenden in möglichster Abgeschiedenheit an einem Ort unterzubringen, wo ruhiger Sammlung nichts im Wege stand.»

Hugh Miller war einer der Ersten, der 1843 für Adamson und Hill Modell stand (Abb. 6). Er war Journalist, Geologe und Herausgeber der Zeitung *The Witness*. Er hatte als Steinmetz begonnen und ließ sich als solcher ablichten. Der Friedhof, die Grabsteine waren für ihn, den Erforscher der schottischen Geologie, der kongeniale Background. Charakteristisch für die Fotografen ist die formatfüllende Präsenz des Porträtierten, die massive Plastizität des Körpers, neben welcher der Stein filigran erscheint.

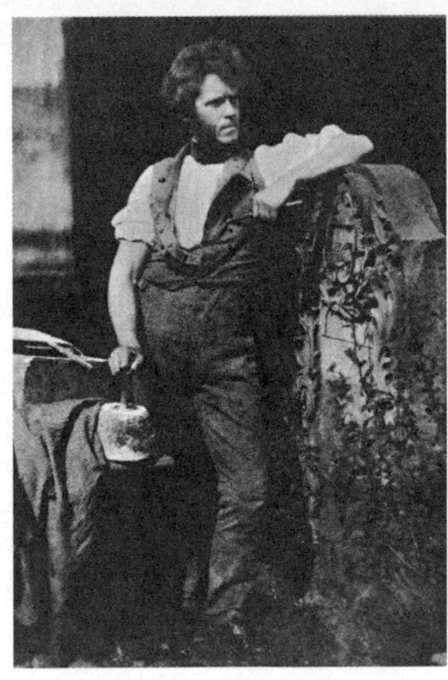

6 Robert Adamson und David Octavius Hill, Hugh Miller, 1843

In dem Jahr, in dem er fotografiert wurde, schrieb er einen Artikel über die neue Kunst, der zu den bedeutendsten frühen Texten zur Fotografie gehört. Miller ist jemand, der die tendenzielle Unschärfe und Weichheit der Talbotypie lobt, aber nicht, weil er ein Anhänger Baudelaires und des «Opfers des Details» wäre. Er bezieht sich zunächst auf den Philosophen Thomas Brown und dessen Theorie der Aufmerksamkeit, die unser Wahrnehmungsverhalten als interessengesteuert begreift und von daher die Fokussierung und die Indifferenz unserer Apperzeption erklärt. Aber dann schreitet Miller zu einer Beweisführung aufgrund «struktureller Gesetzmäßigkeiten»: «Die Linse der Camera obscura überträgt die Figuren auf das vorbereitete Papier nach denselben Prinzipien, nach denen bei der Wahrnehmung die Kristalllinse [des Auges] sie auf die Retina überträgt. In der Mitte des Feldes ist in beiden Fällen ein Höchstmaß an Schärfe, während in der Umgebung die Bilder unscharf und matt ausfallen.» Und dann schließt Miller wieder an Brown an und nennt die scharfe Mitte den «Aufmerksamkeitspunkt» (attention-point), den unser Wille, unser Interesse sucht. Miller hat als Erster diese naturwissenschaftliche und psychologische Rechtfertigung der fotografischen Unschärfe versucht, andere werden folgen, ohne sich auf ihn zu beziehen.

«Ich wollte alle Schönheit in meiner Nähe festhalten»: Julia Margaret Cameron

In England und Schottland fallen die Erfindung und die schnelle Ausbreitung der Fotografie in die Zeit der Königin Viktoria, die von 1837 bis 1901 regierte. Die große Industrie, die Verstädterung, der Kolonialismus regierten, aber auch die Künste profitierten. Das Königshaus selbst unterstützte das neue Medium, kein anderes Land organisierte die Belange der Fotografie durch so viele Vereine und öffentliche Ausstellungen. Die große Tradition des Dilettantismus, die bereits zur englischen Erfindung der Fotografie durch Talbot geführt hatte, setzte sich auch in der zweiten Hälfte des 19. Jahrhunderts fort und bedeutete ein starkes und ehrgeiziges Gegengewicht zum Lager der professionellen Fotografen. Als Oscar Gustav Rejlander den Nationaldichter Alfred Tennyson in dessen Anwesen auf der Isle of Wight aufsuchte, um ihn zu fotografieren, war dessen Nachbarin, die 49 Jahre alte Julia Margaret Cameron (1815–1879), eine aufmerksame Zeugin. Kurze Zeit später schenkte ihr ihre Tochter eine Kamera, und Cameron begann autodidaktisch die wohl größte Karriere einer Dilettantin auf dem Gebiet der Fotografie. Die Anregung kam vom Nachbarn, die Ausrüstung aus der Familie, so ging es weiter: «Häuslichkeit (domesticity) war die Basis für Camerons Arbeit», schreibt Carol Armstrong. Der Hühnerstall wurde zum Studio, die Waschküche zur Dunkelkammer, das Wohnzimmer zur Galerie, das Hauspersonal und die Familienmitglieder zu Modellen. Tennyson saß ihr, ebenso andere Celebrities der damals sehr beliebten Insel. Cameron nutzte ihre Verbindungen und schaffte es, in wenigen Jahren einen Olymp des geistigen England aufzubauen: Wissenschaftler und Künstler waren ihre Lieblingsmodelle und unterwarfen sich dem strikten und zeitraubenden Prozedere einer Sitzung bei ihr. Als Dilettantin meinte es Cameron ernst: Sie gab sich ganz ihrem neuen Metier hin und hielt sich keineswegs damenhaft zurück, wenn es um ihre Präsenz in der Öffentlichkeit, in Ausstellungen und Publikationen ging. Ihre erhaltenen Aufnahmen – 1200 an der Zahl – haben, was auch die vielen Kritiker nie bestritten, einen eigenen, unverkennbaren Stil: Ihre Porträts waren essenziell. Oft zeigen sie nur den Kopf, so gut wie nie irgendwelche symbolischen Beigaben. Sie arbeitete mit starken Hell-Dunkel-Kontrasten, welche den Gesichtern eine dramatische Lebendigkeit verleihen. Jeder der von Cameron Porträtierten sieht so aus, als hätte er seinen Ruhm durch große Anstrengungen, durch einen Kampf vom Dunklen ins Helle verdient. Mehr noch als das Fehlen eines Umraums und signifikanter Attribute störte aber die Kritiker die Unschärfe, die weichzeichnenden Effekte der Aufnahmen Camerons. Dieser Verstoß gegen den Stolz einer immer perfekter, sprich schärfer abbildenden Fotografie basierte am Anfang auf der mangelnden technischen Erfahrung der Autorin, wurde aber bald von ihr als Markenzeichen angenommen. Cameron arbeitete nicht mehr mit der Talbotypie, sondern mit dem nassen Kollodium-Verfahren und großen Platten, was einen hohen Grad der Durchzeichnung garantierte, wenn man ihn wollte. Sie wollte nicht: «Was bedeutet Schärfe – und wer hat das Recht zu sagen, welche Schärfe die richtige ist», sagte sie – wie immer dickfellig – und besetzte einen weiteren Höhepunkt in der Geschichte der künstlerischen Unschärfe, die mit Talbot bzw. Hill und Adamson anfängt und die ihre nächsten Stationen nach Cameron in Peter Henry Emerson und dem Piktorialismus hat.

Cameron war mit einigen präraffaelitischen Malern befreundet und gilt gemeinhin als die Fotografin dieser Künstlergruppe, die sich 1848 gegründet hatte und längst zu nationalem Ruhm gelangt war. Cameron fühlte sich durch die zeitgenössische Dichtung und durch die Ikonographie der Präraffaeliten zur inszenierenden Fotografie, ihrer zweiten Gattung nach dem Porträt, herausgefordert. Dienerinnen, Familienmitglieder oder gerade vorbeikommende Fremde mussten so schwierige und bühnenmäßige Themen wie *Der Tod König Arthurs* oder *Venus*

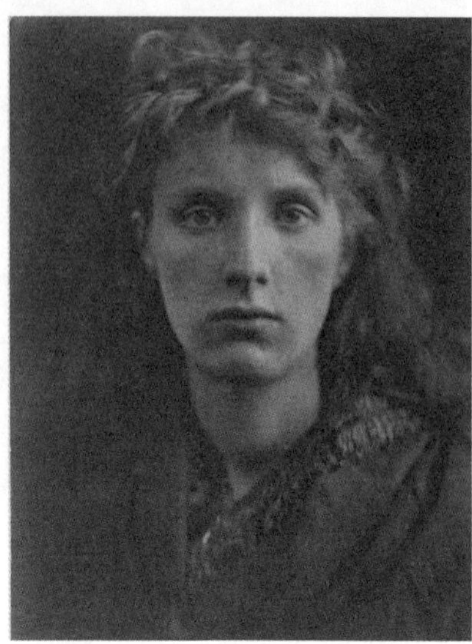

7 Julia Margaret Cameron, The Mountain Nymph, 1866

schilt Cupido und beschneidet seine Flügel oder *Der Abschied von Sir Lancelot und Königin Guiniver* stellen. Wie Rejlander wollte sie die «Fotografie zu den Höhen der Kunst erheben», kannte dabei keine Grenzen, was die emotionale Aufladung ihrer Szenen betrifft, und erzielte neben Kitsch großartige kleine Regiestücke. So, als wollte sie den Naturwissenschaftler und großen Förderer der Fotografie David Brewster widerlegen, der 1856 festgestellt hatte: «There is no poetry in the pencil of the sun. Die Fotografie kann nicht unterscheiden zwischen dem, was schön ist, und dem, was gewöhnlich ist.» Das soll aber nicht heißen, dass Cameron nur nach schönen Modellen Ausschau hält oder die «gewöhnlichen» verhübscht. Ihre Schönheit ist die Intensität. Das Bild *The Mountain Nymph, Sweet Liberty* (der Titel ist eine Anspielung auf ein Gedicht von John Milton) (Abb. 7) zeigt dies ganz gut. Ohne Attribute, ohne räumlichen Kontext bietet das Modell, von dem wir nur den Namen, aber nicht mehr wissen, sein Gesicht, seine wilden Haare und seinen harten Blick dar. Eine ganz und gar unsentimentale Darstellung. Sir John Herschel, ein weiterer bedeutender Naturwissenschaftler der Epoche und aufmerksamer Beobachter der Fotoszene, schrieb Cameron: «Dieser Kopf der Bergnymphe Süße Freiheit (ein bisschen wild und verirrt wirkend...) ist eine höchst erstaunliche Arbeit von höchster Reliefwirkung. Sie ist absolut lebendig und stößt ihren Kopf aus dem Papier in die Luft. Das ist Ihr ganz eigener Stil.»

Naturalistische Fotografie: Peter Henry Emerson

Mit dem englischen Arzt und Hobbyfotografen Peter Henry Emerson (1856–1936) beginnt eine weitere Phase der «künstlerischen Unschärfe». Emerson hat das überzeugendste Credo der künstlerischen Individualität des Fotografen abgegeben und es gegen den Stolz der Erfindergeneration gekehrt, die wollte, dass die Kamera alles selbst tut: «Die Natur springt nicht in die Kamera, fokussiert sich nicht selbst, entwickelt sich nicht selbst und zieht sich nicht selbst ab. ... Wo ein Künstler mit der Fotografie Natur interpretiert, wird seine Arbeit immer Individualität aufweisen, und die Stärke der Individualität wird selbstverständlich je nach Stärke seiner Kapazität variieren.» Das wurde 1889 geschrieben, zum 50. Jahrestag der Veröffentlichung des fotografischen Verfahrens. Emersons erste Landschaftsaufnahmen datieren vom Anfang der 80er Jahre, seine programmatischen Schriften deuten im Titel *Naturalistic Photography* (1889, 1891, 1899) und *The Death of Naturalistic Photography* (1891) auf eine starke Unsicherheit und Kampfeslust hin – auch sich selbst gegenüber. Sein theoretisches Werk ist ein «work in progress» und weist viele Widersprüche auf. Man hat es immer auf die Empfehlung des «out of focus» reduziert, was nicht richtig ist: Emerson hat eine Menge zu den verschiedensten technischen, wissenschaftlichen und historischen Fragen der Fotografie zu sagen. Er konnte aber die Neubestimmung der Fotografie nur im Feld der Wissenschaften vornehmen. Der Zeitgenosse und (bald aber verstoßene) Mitstreiter George Davison hat es so ausgedrückt: «Nur das, was die Wissenschaft oder die Erfahrung erweisen können, kann der naturalistischen Fotografie als Prinzip zugrunde liegen.» Und so postuliert Emerson, vielleicht nicht ohne die Vorarbeit von Hill, Adamson sowie ihres Theoretikers Hugh Miller zu nutzen, dass die Fotografie den physiologischen Grundlagen der menschlichen Wahrnehmung entsprechen müsse. Dazu beruft er sich allerdings auf die neuen Forschungen von Hermann von Helmholtz, der noch einmal und genauer nachwies, dass das menschliche Auge ein Bild liefert, das nur an einer Stelle scharf und an allen anderen abgestuft unscharf bis verschwommen ausfällt. Zur Erreichung dessen, was er «psychological or visual truth» nennt, schaltet Emerson Auge und Kamera parallel, und da partielle Unschärfe oder besser die interessengeleitete Sicht ihm zufolge das Grundprinzip aller Kunst ist, kann Fotografie Kunst sein. Natürlich macht sich hier die impressionistische Kunstauffassung geltend, die sich zum Teil ebenfalls naturwissenschaftlich absicherte, aber die Entscheidung für eine zentrale, scharfe Partie und ein unscharfes Umfeld nur selten getroffen hat. Zur Erreichung seines Ziels schlug Emerson Manipulationen vor, die im Wesentlichen im optischen Bereich blieben, manuelle Nacharbeit, Retuschen lehnte er ab. Wenn man es sich also ganz einfach machen will, dann ist «naturalistische» Fotografie die Fotografie von Naturszenen, wiedergegeben in natürlicher Wahrnehmung entsprechender selektiver Fokussierung mit den natürlichen Mitteln der Fotografie.

Wie gesagt, Emerson suchte die «naturalistische» Fotografie in der Natur, vor allem in den noch nicht von Industrie und Verstädterung heimgesuchten Gegenden Norfolks. Das 1886 ebenda entstandene Bild der Reet auf ein Boot ladenden Männer (Abb. 8) ist ein einschlägiges Beispiel für Emersons künstlerische und thematische Sichtweise. Ein Naturstoff, den die Massenproduktion von Ziegeln längst überflüssig gemacht hatte, wird geerntet, er ist aber nicht reine Materie, sondern schon vom und für den Menschen bearbeitet, zu Bündeln zusammengefasst. Und so verhält es sich mit der Natur allgemein: Die Landschaft ist durch einen Kanal und durch Boote erschlossen. Das Bild hat eine große Nähe und eine große Tiefe, beide weitgehend in der Durchzeichnung «herabgemildert», wie Emerson gesagt hätte, nur die beiden Arbeiter agieren in einer Zone rela-

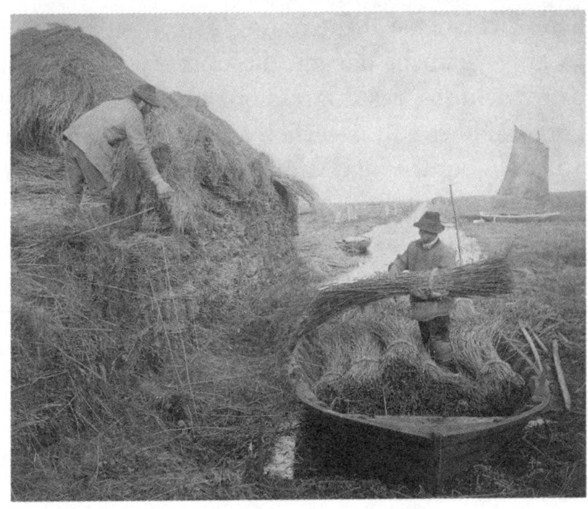

8 Peter Henri Emerson, Zwei Männer, 1886

tiver Schärfe, unterstützt durch die Silhouettierung des Gesichts rechts und den Schattenwurf links. Die Atmosphäre ist die von Emerson empfohlene: ein von Wolken belebter und abschattierter Himmel, der eine überscharfe Erscheinung der Dinge ausschließt. Emersons Kamera bedient also die Übergänge und Zwischenzonen: zwischen Kultur und Natur, wichtig und unwichtig, scharf und unscharf.

Fotografie um 1900: Der Piktorialismus

Direkt nach Emersons ersten Publikationen beginnt die Phase der eigentlichen Kunst- und Stilfotografie, der bildmäßigen Fotografie, die im Englischen Pictorialism und im Deutschen Piktorialismus heißt. Sie reichte von 1890 bis zum Ersten Weltkrieg und hatte ihren Höhepunkt um 1900. Anders als Emerson setzten die Piktorialisten auf intensive Dunkelkammerarbeit, spezielle Abzugsverfahren, grobe Papiere, ja manche Operateure überarbeiteten ihre Negative mit Sticheln wie eine Radierung. Out-of-Focus wurde selbstverständliche Norm, spezielle Filter und beschichtete Linsen bzw. der Verzicht auf jegliche Optik in der Lochkamera sorgten für die Weichzeichnung. Aber alle diese Experimente wurden ganz unabhängig von Emersons großem Ziel einer wahrnehmungsgerechten Fotografie angewandt. Es ging vielmehr darum, die mittlerweile zu Ansehen gelangte Kunstrichtung des Impressionismus für die Fotografie zu adaptieren, und es galt natürlich auch, einen deutlichen Abstand zur Studiofotografie und zum technischen Fortschritt in Chemie und Optik zu halten. Mit dem Trockenplattenverfahren und der neuen Linse Anastigmat hätte man sichere und leistungsstarke Mittel gehabt, aber man arbeitete sich in einen anderen Rausch der Machbarkeit hinein: «Im Gummidruck ... haben die Künstler ein Medium, das die Erzeugung jedes nur gewünschten Effektes zuläßt», deklarierte der Chefideologe der «impressionistischen Fotografie» George Davison 1897. 1903 heißt es bei einem der großen Fotografen des 20. Jahrhunderts, dem damals 23-jährigen Edward Steichen: «Warum da immer von ‹Beschränkungen›, von ‹Grenzen› reden, wo wir mit den ‹Möglichkeiten›, die noch gar nicht erschöpft sind, vielleicht wirklich etwas erreichen? Es handelt sich um die alte Frage: Beherrscht der Geist den Stoff oder der Stoff den Geist.» Längst war der Gedanke an die sich selbst abbildende Natur abgetan, und der frühe Ruhm der Fotografie, so viele, stupende Details aufzubewahren, war verblasst. «Als allgemeine Regel gilt, je weniger Fakten, desto stärker der Eindruck», schrieb 1904 ein Beiträger im Zentralorgan der neuen Richtung, in *Camera Work*. Natürlich waren dies alles Argumente, die den Kunstrang der Fotografie bestätigen sollten. Der Geist, der den Stoff beherrschen sollte, war der Künstlergeist. Er konnte sich auch immer weniger auf sein erstes Erzeugnis, die belichtete Platte, verlassen: «Jetzt hat die Fotografie die Schönheiten und Tonwerte der originalen Szene während der Entwicklung vor dem geistigen Auge und kann den Druck so entwickeln, daß er all diese seine Eindrücke herausarbeitet, und da die Eindrücke des Menschen ganz verschieden ausfallen, ist es fortan ebenso leicht, den Stil der führenden Fotografen zu unterscheiden, wie Rembrandt und Reynolds auseinanderzuhalten.» (Alfred Stieglitz)

Träger und praktische wie passive Nutznießer der Kunstfotografie waren die Laien, die Amateure. 1893 hielt der Hamburger Museumsdirektor Alfred Lichtwark einen folgenreichen

Vortrag, der noch im gleichen Jahr unter dem Titel *Die Bedeutung der Amateurfotografie* erschien. Es ist bemerkenswert, dass Lichtwark sich ohne Umweg über die professionellen Fotografen gleich an die Amateure wandte und sich von ihnen eine Erneuerung der Fotografie erhoffte. Lichtwark sprach nicht zu verstreuten Liebhabern: Auf der ersten von ihm angeregten Ausstellung der Amateurfotografie 1893 in der Hamburger Kunsthalle waren 6000 Fotografien von 458 Amateuren aus aller Welt zu sehen. Aber nicht nur die Zahlen, auch der Ort, ein Kunstmuseum, verdient Aufmerksamkeit. «Dem Publikum kam es vor», meinte Lichtwark hinterher, «als wollte ein Naturforscherkongreß als Sitzungssaal eine Kirche benutzen.»

Der Organisationsgrad der Fotografie um 1900 war beeindruckend. Für die Hamburger Ausstellung wurden 20 000 Einladungen verschickt. Einer der ganz großen Fotokünstler und Inspiratoren war der deutschstämmige Amerikaner Alfred Stieglitz (1864–1946). Nach dem Studium der Ingenieurwissenschaften widmete er sich ohne formale Ausbildung der Fotografie und begann seine ebenso intensive Karriere als Publizist und Organisator. Er wurde Mitglied der «Society of American Amateur Photographs», gab erst die Zeitschrift *American Amateur Photographer* und dann die von ihm gegründeten *Camera-Notes* heraus. 1902 rief er zusammen mit Edward Steichen und Alvin Langdon Coburn die Gruppe «Photo-Secession» ins Leben und edierte ab demselben Jahr die Zeitschrift *Camera Work*, das bedeutendste Organ der Kunstfotografie, das er nach 50 Nummern 1917 eingehen ließ – die Bewegung des Piktorialismus hatte sich erschöpft.

Aus *Camera Work* stammt auch unser Werkbeispiel. *Jungen auf dem Weg zur Schule* ist der Titel einer Heliogravure, die Clarence Hudson White (1871–1925) 1908 in der Zeitschrift seines großen Förderers Stieglitz publizierte (Abb. 9). White, von Beruf Buchhalter, war über dreizehn Jahre als Amateur tätig, bevor er 1907 als freier Fotograf zu arbeiten begann. Als unermüdlicher Gründer und Mitarbeiter von Gruppen und Vereinen sowie als Lehrer war er vermutlich der Erste, der Vorlesungen über Fotografie an einer Universität, der New Yorker

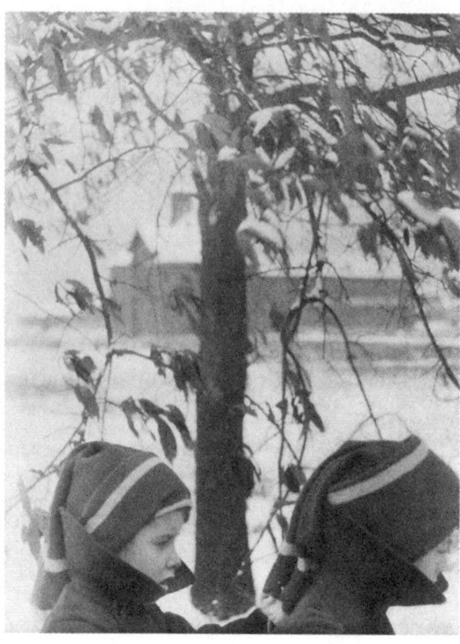

9 Clarence Hudson White, Jungen auf dem Weg zur Schule, 1908

Columbia University, hielt. Um «Respekt vor der Natur» zu haben, müsse der Amateurfotograf, sagt Lichtwark, die «alltägliche Erscheinung vertiefen, um sie in künstlerischem Sinne nach der Seite der Verhältnisse, der Silhouette, des Raumes und des Lichtes zu analysieren». Das Sujet ist ein alltägliches: Kinder gehen zur Schule, sie bewegen sich vermutlich durch eine Stadt, vielleicht entlang eines Flusses, aber über ihren beiden angeschnittenen Köpfen ist es der Baum, der den größten Anteil an der Bildfläche hat. Streng mittig angeordnet, teilt er die Zweiergruppe, die aber einem anderen kompositorischen Gesetz gehorcht als dem der Symmetrie: Steht der Baum und breitet sich nach seinen organischen Gesetzen aus, so bewegen sich die Jungen auf fast schematische Art koordiniert nach rechts, sind ganz Richtung. Im Hintergrund breitet sich eine dritte Ebene aus: ein langes Gebäude, vermutlich eine Fabrik. Dieses unterstützt den Richtungssinn der Jungen auf ihrem Weg, sodass der Baum und sein organisches Wirrwarr in eine kontrastreiche Mitte genommen werden: von zwei Elementen mit Richtung, einmal körper-

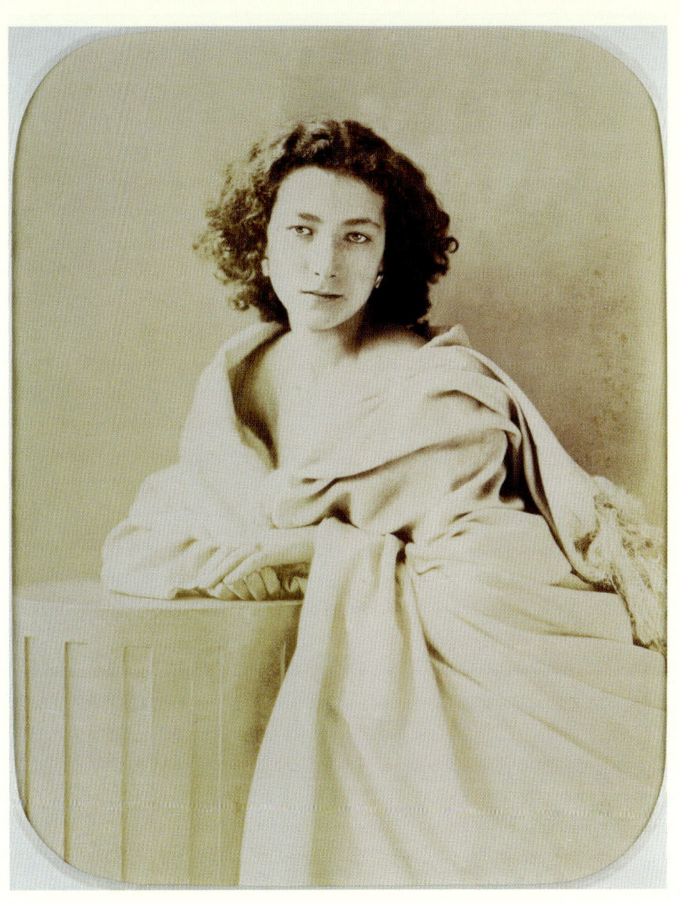

10 Nadar (Felix Tournachon), Sarah Bernard, 1859

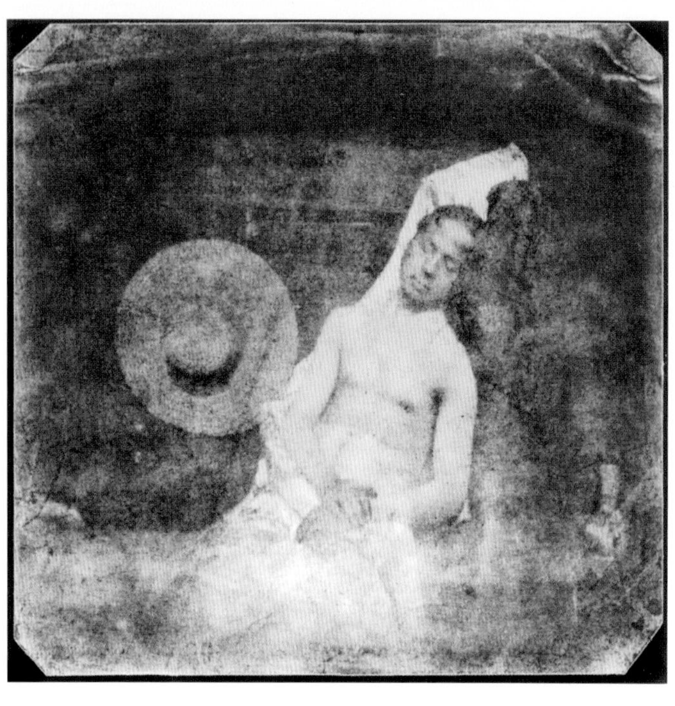

11 Hippolyte Bayard, Selbstporträt als Ertrunkener, 1840

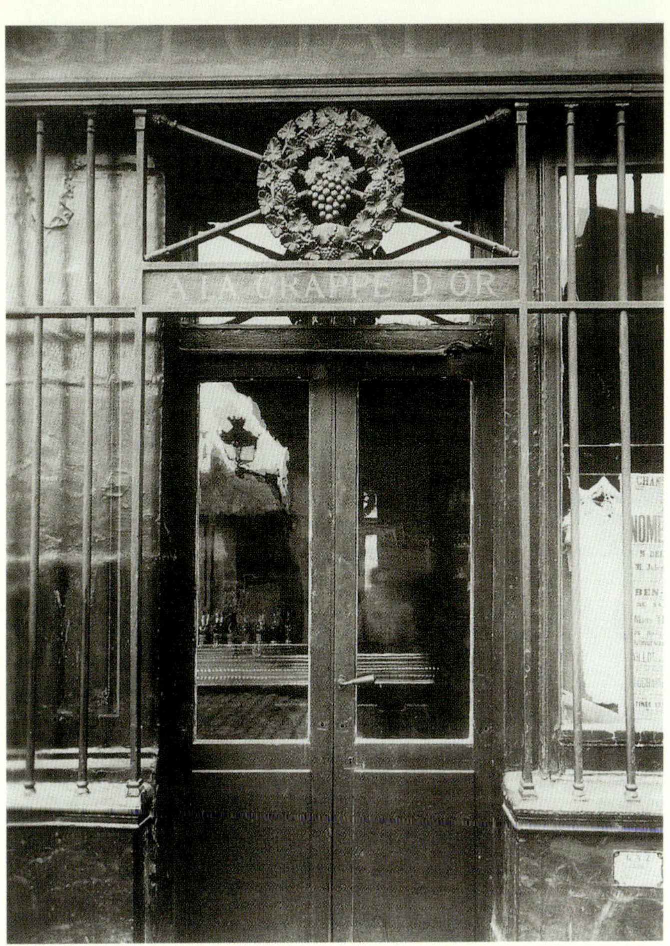

12 Eugène Atget, A La Grappe d´Or, 1911

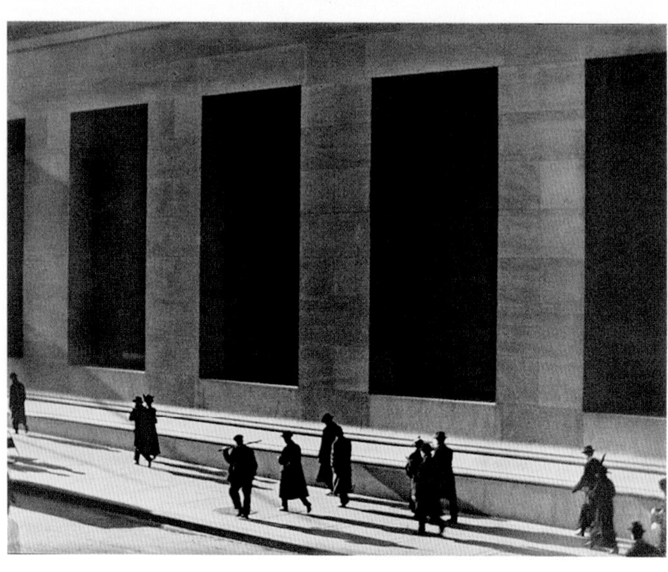

13 Paul Strand, Wall Street, 1916

lich, einmal linear. Das Bild ist leicht körnig unscharf, aber dieses Merkmal bleibt fast äußerlich. Viel wichtiger sind andere Stilmittel: der harte Schnitt (cropping), der die Köpfe extrem in den Vordergrund rückt und seine Anregung in der impressionistischen Malerei, vor allem aber im japanischen Holzschnitt hat. Von diesem Vorbild leitet sich auch die lebendige Silhouette des Baumes her. Es gibt visuelle Reime: Der Schnee bedeckt mit weißen Linien Blätter und Gebäude; hellfarbige Linien durchziehen die identischen Wollmützen der Jungen. Die Lichtführung ist eintönig, akzentlos.

Das Ende des Piktorialismus

Die Gegenfigur zu den Piktorialisten, welche auch in Frankreich etabliert waren, war der Pariser Fotograf Eugène Atget (1856–1927), der ein früher «Straßenfotograf» war, ganz sicher ein «Autorenfotograf». 1979 führte Klaus Honnef den Begriff in Anlehnung an den «Autorenfilmer» ein und meinte eine Spezies von Fotograf mit einer «Haltung zur Wirklichkeit», die sich «durch eine individuelle Sehweise zu erkennen gibt». In diese Rubrik würde man Größen wie Cameron, Atget, Sander einordnen, in unserer Zeit die Bechers, Fotografen, die in «eigener Regie» ihre Ausschnitte der Wirklichkeit ablichteten. Später nannte man das «Projekt». Atget ist der große Einzelgänger in der Geschichte der Fotografie, von 1898 bis 1927 durchwanderte er, ca. 8500 Aufnahmen machend, das alte Paris, jene Viertel, die nach der rabiaten Stadterneuerung des 19. Jahrhunderts noch erhalten, aber auch schon dem Untergang geweiht waren. Seine Aufnahmen zeigen Straßenzüge, Hauseingänge, Innenhöfe, Läden und ihre Auslagen, allesamt menschenleer, zutiefst verlassen (Abb. 12). «Leer die Porte d'Arcueil an den fortifs, leer die Prunktreppen, leer die Höfe, leer die Caféhausterrassen, leer, wie es sich gehört, die Place du Tertre.» (Walter Benjamin) Man hat oft die Metapher «Tatorte» angewandt, denn was eigentlich sollte das dezidierte Interesse an diesen urbanen Stillleben motivieren als ein nicht mehr, höchstens noch in Spuren sichtbarer Vorfall? Atgets Nachlass wurde 1927 von der US-amerikanischen Fotografin Berenice Abbott entdeckt und zum großen Teil in die USA gebracht. Die erste Veröffentlichung im Jahr 1930 war von enormem Einfluss auf die amerikanischen Fotografen: Edward Weston, Walker Evans, Berenice Abbott und Ansel Adams nahmen Atgets Anregungen auf. Sie bauten darauf, dass die Fotografie unbelebter und ganz und gar stimmungsloser Szenen und Sachverhalte als soziales Dokument jede noch so belebte Szenerie übertreffen würde.

Auch in der Theorie deutete sich etwas später ein neues Programm an. 1910 schrieb Sadakiki Hartmann, der bedeutendste Fototheoretiker dieser Epoche, in *Camera Work*, dass sich auf die Gegenstände der Moderne und vor allem der Großstadt «die anerkannten Gesetze der Komposition nur mit Mühe übertragen» lassen. Man wird diese Einsicht auf Whites ungewöhnlichen Bildaufbau übertragen können, aber noch direkter kann man sie auf die zahlreichen fotografischen Werke anwenden, in denen sich Fotografen wie Stieglitz und Steichen den Großstadtbetrieb vornahmen: den Verkehr, die Brücken, die Hochhäuser, die Massen. Die Kunstfotografen wollten also auch in Thematik und Aktualität ihrem großen Vorbild, den Impressionisten, nacheifern, die als «Maler des modernen Lebens» angesprochen wurden. Dabei konnte es nicht genügen, die Stimmung eines Winterabends in der Großstadt einzufangen. Wie Hartmann schrieb, konnten vor dieser Herausforderung die etablierten Kompositionsregeln versagen. Das Gewicht begann sich wieder auf die Sachen zu verlagern. So schreibt Hartmann: «Jeder Gegenstand sollte seine eigene Komposition hervorbringen. Die ihm eigenen Formen und Strukturen, Linien und Flächen sollen sein Erscheinen im Bild bestimmen.» Diese Maxime verweist schon voraus auf den Text, der in der letzten Nummer von *Camara Work* Ende und Neuanfang markierte. Marius de Zayas heißt der Autor. Er demolierte 1913 mit dem Satz «Fotografie ist nicht Kunst» das hoch hinauswollende Selbstverständnis der Kunstfotografie. «Fotografie stellt Form auf die Art und Weise dar, die der derzeitige Entwicklungsstand der menschlichen Intelligenz verlangt.» Sie gehöre zu «dieser auf das Faktische ausgerichteten Epoche», und im Zeitalter des Materialismus sei sie berufen, «die materielle Wahrheit der Form zu geben». Diese starken Sätze sind nicht so weit von den ersten Erwartungen an die Fotografie entfernt. Damit ist aber auch gesagt, dass die Entscheidung für einen modernen Gegenstand noch nicht unbedingt eine neue Form und eine mediengerechte Anwendung zur Folge hat. Die «materielle Wahrheit der Form zu geben» wurde die Herausforderung der nächsten Epoche.

Die Fotografie als Fotografie: 1913–1940

Eine Selbstbegründung der Fotografie

Der amerikanische Fotograf Paul Strand (1890–1976) schrieb 1922: «Die Diskussion über die Frage, ob die Fotografie eine Kunst sei oder nicht ... hat dazu beigetragen, daß glücklicherweise niemand genau weiß, was Kunst ist. Das Wort geht nicht mehr so glatt über die Zunge der Bedächtigen. Und glücklicherweise zeigen einige Fotografen durch ihre Arbeit, daß die Kamera eine Maschine ist, und zwar eine ganz wunderbare. Sie beweisen, daß, in reiner und vernünftiger Weise angewandt, sie das Instrument einer neuen Sehweise werden kann.» Strand hebelt so die Frage nach der Fotografie als Kunst aus und setzt neue Orientierungspunkte: Maschine und Sehen, aber nicht mehr das alte physiologisch angepasste Sehen, wie es Emerson gefordert hatte, sondern das Sehen, das zum Titel einer ganzen Epoche aufstieg: das «Neue Sehen» – dazu gleich mehr.

Das Credo aber lautete Mediengerechtigkeit. Wieder Strand: «Die Fotografie, der einzige bedeutende Beitrag der Wissenschaft zu den Künsten, findet ihre Legitimation, wie alle Medien, in der vollkommenen Einzigartigkeit ihrer Mittel.» Die Kunstfotografen hatten sich geweigert, die Grenzen und Eigenarten ihres Bildmediums festzulegen; sie sprachen von seiner unbegrenzten Plastizität. Die Zeit nach dem Ersten Weltkrieg wusste, wo Grenzen und «spezifische Leistung» (Strand) der Fotografie zu suchen waren. «In diesem Fall heißt das: absolute und unbestimmte Objektivität.» Und: «Die volle Wirkungsweise jedes Mediums hängt davon ab, wie rein es angewandt wird, und alle Versuche, zu mischen, enden in so toten Dingen wie Farbdruck, Foto-Malerei, Gummidruck, Öldruck etc. ...» Strand schrieb das 1917 und gab damit die Schlagworte für die kommenden 15 bis 20 Jahre vor. Erst der Surrealismus hat an diesem starken Programm gerüttelt, hat aber mit Dalí ebenfalls ausgerufen: «Klare Objektivität des kleinen Fotoapparats. Objektives Kristall. Glas von authentischer Poesie. ... Fotografie, reine Schöpfung des Geistes.»

Auch bei dieser Positionsbestimmung folgt die Fotografie dem allgemeinen Gang der Kunstgeschichte. Für alle Kunstformen gilt jetzt: «Indem sie jedes Medium auf das reduzierten, was es am besten konnte, suchten die Künstler nach einer Universalsprache, die ihre Arbeiten definieren und wirksam machen würde.» (David Travis) Aber anders als in Malerei und Skulptur, wo Fläche, Farbe, Körper und Material autochthon die Orientierung vorgeben, ist es nicht so einfach, die «reine Anwendung» der Fotografie zu definieren. Was nicht gewollt wird, ist klar. Die Moderne ist immer stark in der Dekonstruktion von Standards; gleichzeitig ist sie, wie die Postmoderne sagen würde: «foundational», gründungsorientiert, prinzipiell. Wie so oft ist es eine Mischung aus medialer Selbstbegründung und thematischem Anschluss an die Moderne in Gesellschaft, Technik und Kunst. Auf jeden Fall kann man sagen, dass diese Phase der «objektiven Fotografie» vier Orientierungspunkte ansteuert: Struktur, Sache, Sehen, Bewegung. Die verschiedenen Strömungen, die es durchaus gibt, tendieren zu je einem dieser Punkte, gleichzeitig fließt vieles ineinander. Sachliche Fotografen wie Blossfeldt und Atget werden zu Inspiratoren des Surrealismus, die Presse publiziert rätselhaft erstarrte Strukturbilder, Bildbände müssen nicht mehr denkwürdige und ansehnliche Orte und Menschen zeigen, sondern erschließen das Unbekannte und Abständige, aber auch das Alltägliche, Normale. Es ist dies auch die Zeit der Fotomontage, des Fotogramms und

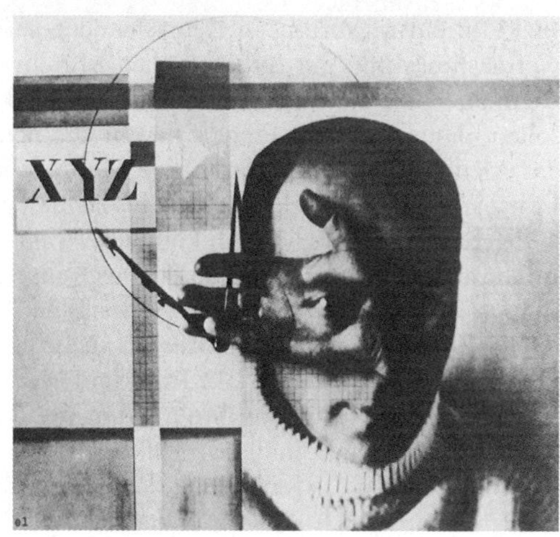

14 El Lissitzky, Der Konstrukteur, Selbstporträt, 1924

der Collage, des Zusammenschneidens verschiedener Quellen, Medien und Stilarten. Schnitt und Layout werden zu eigenen Aufgaben; Text und Bild gehen neue Verhältnisse ein.

Angesichts dieser stilistischen Vielfalt und Fülle der Aufgaben fällt es nicht schwer zu begreifen, dass als das bekannteste fotografische Selbstporträt dieser Epoche El Lissitzkys «Der Konstrukteur» von 1924 angesehen wird (Abb. 14). Es ist dies eine Fotomontage, kein fotografisches Abbild, denn der neue Künstler- und Fotografentypus ist einer, der entwirft und zusammenbaut und nicht nur registriert und nachahmt. Über seinem rechten Auge liegt die Hand. Vom Auge regiert und angeleitet, fährt sie den Zirkel aus, der einen weiten Kreis geschlagen hat. Hinter und neben ihm erscheinen die letzten drei Buchstaben des Alphabets, die Andeutung eines Lineals und Kästchenpapier – ein quadratisches Grundmuster, das auch das Gesicht überzieht. Zirkel, Geometrie und die schablonierten Buchstaben sind rationale Mittel der Schöpfung, Konstrukteursausrüstung. Nun ist das Bild des Konstrukteurs ein Bild für ein neues Künstlerideal schlechthin: «Wir haben mit einem Mal realisiert, dass die plastische Kunst unserer Zeit nicht vom Künstler, sondern vom Ingenieur geschaffen wird», hat El Lissitzky in einem Vortrag in Deutschland gesagt. Dennoch: Es wurde dieses Bild mit fotografischen Mitteln entwickelt, und wenn auch alle Künstler sich nun als Konstrukteure verstehen sollen, dann bleibt die Frage, wieweit das neue Künstlerideal das Medium Fotografie formt. Die Montage ist natürlich ein Konstrukt, und vielleicht war es ja bis zu diesem Zeitpunkt nur in der Fotografie möglich, ein komplexes Bild nicht durch eine Anhäufung von Attributen, sondern als transparente Überlagerung von Zusammengehörigem zu gestalten. Und zusammenhängen tut hier vieles: am stärksten natürlich die Koordination von Hand und Auge und von Kopf und Werk, aber auch die Anwendung der Hand auf ihre Instrumente und die Rückwirkung der Werkzeuge, in diesem Fall des Rasterpapiers, auf den Kopf. Wir hatten das Kapitel mit dem Hinweis auf die Doktrin einer reinen, in sich selbst gründenden Fotografie begonnen. Jetzt aber haben wir ein Meisterstück des «Konstruktivismus» vorgestellt, dessen manipulativer Aufwand, quantitativ betrachtet, der Erzeugung eines Gummidrucks in der Hochzeit der Kunstfotografie nicht nachstand. Dennoch glauben wir, dass hier kein Gegensatz zwischen Praxis und Theorie der autonomen Fotografie aufklafft. Auch El Lissitzky benutzt rein fotografische Mittel, um ähnlich wie beim Fotogramm mit Transparenz und Lichtmengen zu arbeiten. «Die Eigenschaften», die Fotografie ausmachen, sagt El Lissitzky, «sind im Fotomaterial selbst begründet.» Bilder wie sein Selbstporträt und noch stärker die Fotogramme stellen eigentlich die Engführung der Mediengerechtigkeit dar. Sie rangieren nicht nur für El Lissitzky noch vor den beiden anderen Mitteln fotografischer Praxis, die nun ebenfalls intensiv erforscht werden: «Fokussierung und die Betätigung des Auslösers».

Fotografische Strukturforschung: Paul Strand

Wir haben vier Programmpunkte der Fotografie seit dem zweiten Jahrzehnt des 20. Jahrhunderts unterschieden: Struktur, Sache, Sehen, Bewegung. Paul Strand gehört eindeutig der ersten Richtung, der fotografischen Strukturforschung, an. Und mit ihm müssen wir zurück in die Zeit vor dem Ende des Ersten Weltkriegs. Seine frühen Aufnahmen wurden in den beiden letzten Heften von *Camera Work* veröffentlicht. Das war so, als hätte ein kühner Anthologist der zeitgenössischen deutschen Lyrik auf Gedichte von Hofmannsthal und George ein Dutzend expressionistische Gedichte von Georg Heym folgen lassen. Der Herausgeber Alfred Stieglitz suchte ausschließlich Aufnahmen von New Yorker Straßenszenen aus. Dort war Strand aufgewachsen, dort hatte er die Fotografie gelernt. Später würde er viele Gegenden der USA, den amerikanischen und andere Kontinente bereisen. Er würde Filme und viele Fotobildbände machen, aber immer wieder kommt man zu diesen ersten, epochestürzenden Fotografien der Jahre 1915/16 zurück, über die sein Mentor Stieglitz schrieb: «Strand hat etwas Neues dem Alten hinzugefügt. Seine Aufnahmen sind brutal, direkt, frei von jeglichem Humbug, frei von Kunstgriffen und unbeeinflusst von jeglichem Ismus.» Dabei hatte die Kunstfotografie und allen voran *Camera Work* intensiv die Großstadt aufgenommen, und wenn Strand auch zu Beginn noch nicht die Schärfe und das technische Grau seiner späteren Aufnahmen vorführte, so ging er in seiner Bildästhetik doch einige Schritte weiter.

Einerseits steigerte er gewissermaßen die Anonymität seiner Szenerien. Das gilt auch für seine berühmteste Aufnahme, die er 1915 der Börse auf der Wall Street gewidmet hat (Abb. 13). Selten ist ein Wahrzeichen auf eine so elementare Struktur heruntergefahren worden. Nicht als Zielpunkt der mit abgebildeten Personen oder des Betrachters, sondern als mechanisch-rhythmische Kulisse figuriert das Bauwerk. Strand hatte bei einem der wichtigsten Vertreter der sozial engagierten Fotografie, bei Lewis Hine, gelernt, und er blieb politisch immer links orientiert – was so weit ging, dass er nach dem Zweiten Weltkrieg seine Bildbände in der DDR drucken ließ –, aber diese politische Überzeugung ist seinen Fotografien oft nicht anzusehen. In *Wall Street* allerdings kommen sich soziale und fotografische Weltanschauung nahe. Man denke noch einmal an die Arbeit von Strands New Yorker Kollegen Clarence White (Abb. 9) zurück. Auch dort ging es ja um Bewegung, um ein Schreiten von

Menschen vor einem bestimmten Hintergrund. Aber anders als White, der als Bildmitte und organisches Überzeichen einen Baum wählt, dem «naturalistischen» Programm der Kunstfotografie seit Emerson entsprechend, hinterlegt Strand seine Gehenden oder besser: Eilenden mit einer hart geschnittenen Gebäudekulisse, die den Menschen davor und darunter einen unerbittlichen Takt vorgibt. Das Verhältnis Mensch und Stadt wird in Filmen wie *Metropolis* oder *Modern Times* ganz ähnlich charakterisiert. Aber auch die zeitgleiche Lyrik des Expressionismus ist nicht fern. Den Reihungsstil dieser Gedichte findet man auch hier: im parataktischen Rhythmus des Baus und seinem Verhältnis zur menschlichen Dimension. Die großen schwarzen Öffnungen überformen die kleinen Schritte der Menschen, die ihrerseits durch die weit vorauseilenden Schatten ihrer Vorgänger zu höherer Geschwindigkeit angespornt werden. Die krasse Differenz im Maßstab spricht von der Übermacht der Verhältnisse, der Bedeutungslosigkeit des Einzelnen und von dem berühmten Motiv des Trotts, zu dem Alltag und Leben verkommen sind. Hinzu kommt, dass die Erstreckung des Baus und die Richtung der Fußgänger ziellos ist und dass die Menschen so gezeigt werden, als würden sie bergauf laufen. Zu dieser Zeit hat nur Strand Aufnahmen gemacht, in denen auf so eindrucksvolle Weise Strukturen herausgearbeitet, kombiniert und sinntragend gemacht werden. In dem Jahr, da diese Aufnahme entstand, schrieb in Deutschland Carl Schmitt: Diesem Zeitalter scheine der «Betrieb» die Signatur zu geben, «der Betrieb als das großartig funktionierende Mittel zu irgendeinem kläglichen oder sinnlosen Zweck, der Betrieb, der den einzelnen so vernichtet, daß er seine Aufhebung nicht einmal fühlt, und der sich dabei nicht auf eine Idee, sondern höchstens ein paar Banalitäten beruft und immer nur geltend macht, daß alles sich glatt und ohne unnütze Reibung abwickeln müsste.»

Das fotografische Sehen: László und Lucia Moholy-Nagy und Alexander Rodtschenko

Wie alle Begriffe für «neue» Phasen oder Zeiten macht es einem auch das Label «Das Neue Sehen» nicht leicht. Eines ist klar. Das Auge der Kamera will nicht mehr das Auge des Menschen sein – siehe Emerson und die Annäherung an die optische Physiologie. Das Kamera-Auge vermag mehr, denn «der fotografische Apparat kann unser optisches Instrument, das Auge, vervollkommnen bzw. ergänzen» – so sagt es der Bauhaus-Lehrer László Moholy-Nagy (1895–1946), und er geht auch noch einen Schritt weiter und sagt über Fotografien: «Das Geheimnis ihrer Wirkung ist, dass der fotografische Apparat das rein optische Bild reproduziert und so die optisch-wahren Zeichnungen, Verzerrungen, Verkürzungen usw. zeigt, während unser Auge die aufgenommenen Erscheinungen mit unserer intellektuellen Erfahrung durch assoziative Bindungen formal und räumlich zu einem Vorstellungsbild ergänzt.» Das ist eine zentrale Passage: Sie stellt fest, dass die Kamera nicht nur das Sehen ergänzt, sondern anders sieht. Ihre Wahrheit ist eine des optischen Apparats, wodurch auch in diesem Sektor die Eigengesetzlichkeit der Fotografie definiert wird: «Man kann sagen, daß wir die Welt mit vollkommen anderen Augen sehen.»

Gleichzeitig will das «Neue Sehen» eine Sicht auf die modernen Verhältnisse sein, wie Moholy-Nagy ausführt: «Es sieht so aus, als könne nur der Fotoapparat das moderne Leben abbilden.» Die Tendenz der Epoche hin zu Metropolen, Großprojekten, Industrie, Maschine, Massenmedien soll einen adäquaten Ausdruck erhalten. Türme, Autos, Flugzeuge, Schiffe schaffen neue Anforderungen an die Optik. Diese beiden Ansätze, der medientheoretische und der zeitgeschichtliche, gehen oft durcheinander, aber sie kommen auch konstruktiv zusammen, z. B. in den Aufnahmen, welche die Bauhaus-Fotografin Lucia Moholy-Nagy (1894–1989) dem Bauhaus selbst gewidmet hat (Abb. 15), oder in den vielen Bildern, in denen ihr Mann László um 1928 den Berliner Funkturm ablichtete (Abb. 16). Die «optische Wahrheit» des *Blicks vom Funkturm* beruht z. B. in ihrer durch-

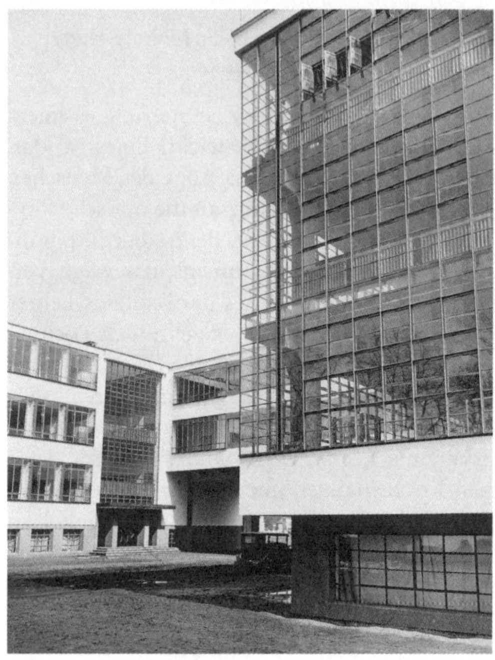

15 Lucia Moholy, Bauhaus Dessau, 1927

gehenden Schärfentiefe, in der unvermittelten Koexistenz der rasanten Verkürzung des Tiefenstoßes und des Flächenmusters des Grundes, dessen immanente Tiefe die Schlagschatten nicht ausdrücken, sondern leugnen und auf die Ebene eines feinteiligen Ornaments übertragen. Selbstverständlich ist das Ganze eine Etüde in elementarer Geometrie, eine Konstruktion mithin: Das Quadrat des Daches über dem Restaurantgeschoss und das Rondell stehen als zwei Grundformen übereinander, umschwärmt von gebundenen und von freien Anordnungen der Tische und Stühle. Dann aber will das Ganze als Dokument moderner Zeiten verstanden sein. Dies ist ein ganz neues Bauwerk, die höchste Erhebung in Berlin, ein Werk der Ingenieurskunst und einem fortschrittlichen Zweck, der Rundfunkübertragung, gewidmet. Aber auch die zusätzliche Funktionsbestimmung, eine Attraktion der Freizeit zu sein, ein nicht minder moderner

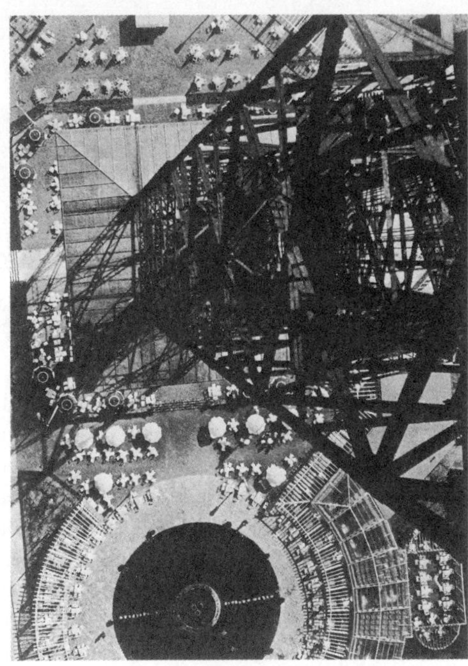

16 László Moholy-Nagy, Blick vom Funkturm, 1928

Wert, kommt zum Ausdruck. Klaus Honnef hat geschrieben: «In der Optik des ‹Neuen Sehens› entpuppt sich die sichtbare Welt als Konstruktion.» Als Konstruktion einer ganz und gar künstlichen Welt, geschaffen von Ingenieur und Gartenarchitekt, und «rekonstruiert» vom Fotografen.

«Die interessantesten Standpunkte der Gegenwart», schrieb der russische Konstruktivist und Multikünstler Alexander Rodtschenko (1891–1956), «sind die Standpunkte von oben nach unten und von unten nach oben und ihre Diagonale» (Abb. 17). Rodtschenko hatte 1925 eine Handkamera in Paris erworben und war seitdem nicht davon abzubringen gewesen, gegen die «Bauchnabelperspektive» der etablierten Fotografie zu verstoßen. Man sprach von der «Rodtschenko-Perspektive». Er beschuldigte seine Kollegen, sie hätten sich, von der Malerei beeinflusst, nicht zu einer freien Sicht durchringen können, tat-

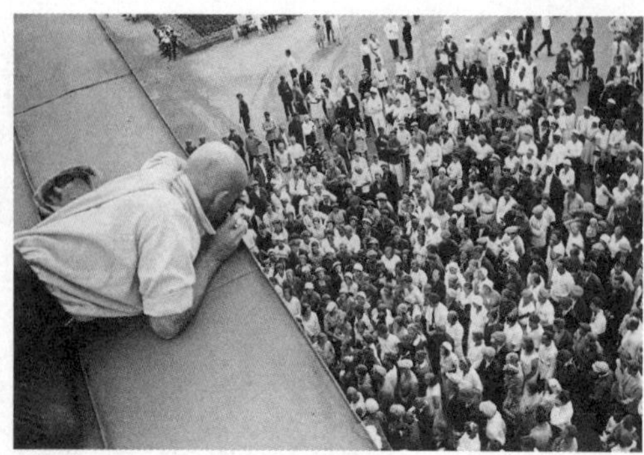

17 A. Skurikhin, Alexander Rodtschenko fotografiert im Kulturpark, 1928

sächlich hatte aber der Impressionismus, und das heißt auch die ihm verbundene Kunstfotografie, das Spiel mit den Extremperspektiven und ungewöhnlichen Standpunkten angefangen – aus ganz ähnlichen Gründen, wie sie Rodtschenko als Vertreter einer inhaltlichen Modernität vorführt. Nur die Fotografie könne das moderne Leben abbilden, sagte er: «Die heutige Stadt mit ihren vielgeschossigen Häusern, die speziellen Ausrüstungen der Fabriken und Betriebe u. a. m., zwei-, dreigeschossige Schaufenster, Straßenbahn, Auto, Licht- und Leuchtreklame, Ozeandampfer … all das hat die übliche Psyche der visuellen Wahrnehmung, wenn notgedrungen auch nur wenig, verändert.»

Rodtschenko verkannte nicht, dass die Wahl eines speziellen Blickwinkels oder einer ungewöhnlichen Ausrichtung der Kamera ein zeitliches Moment involviert; er sprach sich deswegen für mehrere Aufnahmen ein und desselben Objektes aus, eine Forderung, die aber an den Realitäten des Publizierens in der Regel scheiterte. Moholy-Nagy konnte auch an Einzelbildern dieser Art neue Qualitäten entdecken: «Der Reiz der Aufnahme liegt nicht im Objekt, sondern in der Sicht von oben und in den abgewogenen Verhältnissen.» Das hätte Rodtschenko niemals zugeben dürfen, ihm setzte die Kritik ohnehin schon mit der Anklage «bürgerlicher Formalismus» zu, aber Moholy-Nagy fügt zu Recht die «abgewogenen Verhältnisse» als zusätzlichen Wert ein – in Bildern entfremdender Perspektive übernehmen schnell Bildfläche und Strukturen die Regie, und die Technisierung der Sowjetunion hatte das Nachsehen. Rodtschenko jedenfalls verlor als Anhänger des «Neuen Sehens» sein Lehramt und wurde aus der einflussreichen Gruppe «Oktober» ausgeschlossen. Wie politisch gestalterische Entscheidungen genommen wurden, kann das Beispiel einer inkriminierten Aufnahme eines Pioniermädchens belegen. Rodtschenko hatte, wie er es gewohnt war, das Modell von unten mit Blick nach oben aufgenommen. «Pioniermädchen haben nach vorne zu schauen», befand der Kritiker. Im Kontext der stalinistischen Sowjetunion konnten solche Angriffe als Aufforderung zur «Säuberung» verstanden werden.

Das fotografische Objekt: Albert Renger-Patzsch und Edward Weston

Das Programmwort «Neue Sachlichkeit» wurde von Gustav Hartlaub 1923 für eine Tendenz in der nachexpressionistischen deutschen Malerei geprägt. Die stärksten Ergebnisse dieser Bewegung sind aber in der Fotografie zu finden. So schreibt Klaus Honnef: «Nicht die Kunst der Fotografen stand hier im Zentrum des Interesses, die perfekte Beherrschung von Licht, Bildausschnitt (Kadrage) und Technik – entscheidend allein war die Präsenz des fotografierten Objektes. Ihm galt die gesammelte Aufmerksamkeit. ... Je prägnanter sich das fotografische Objekt im Bild manifestierte, desto perfekter die fotografische Aufnahme.» Der Fotograf, dessen Werk für diese Strömung einsteht wie kein anderes, ist Albert Renger-Patzsch (1897–1966). Er wollte seinen ersten Bildband «Die Dinge» nennen, daraus wurde dann der unpassende Titel *Die Welt ist schön* (1928) (Abb. 19). Dies war eine der vier programmatischen Buchpublikationen der Neuen Fotografie in Deutschland. Die anderen sind: László Moholy-Nagys *Malerei, Fotografie, Film* (1925, 1928[2]), Werner Gräffs *Es kommt der neue Fotograf* (1929) und *Foto-Auge* (1929), herausgegeben von Franz Roh und Jan Tschichold. Wie alle anderen Theoretiker dieser Zeit sagt auch Renger-Patzsch: «Die Fotografie hat ihre eigene Technik und ihre eigenen Mittel.» Aber dann fährt er fort: «Das Geheimnis einer guten Fotografie ... beruht in ihrem Realismus.» Er zählt dann auf, für welche Sujets die Fotografie «das zuverlässigste Werkzeug» ist: die Natur, die Pflanzen, Tiere, Architektur, Skulptur, «die Schöpfung der Ingenieure und Techniker», keine Porträts also oder Szenen aus dem Menschenleben. In der Tat hat Renger-Patzsch die zuletzt genannten Bildthemen ausgelassen und allen anderen Sujets sein Lebenswerk gewidmet. Die besondere Affinität der Fotografie zu den Sachen erkennt Renger-Patzsch in den «Möglichkeiten», einerseits den «Zauber des Materials wiederzugeben»: «Die Struktur von Holz, Stein und Metall wird in ihrer Eigenart hervorragend dargestellt», andererseits aber dem «starren Liniengefüge moderner Technik, dem luftigen Gitterwerke der Krane und Brücken, der Dynamik 1000pferdiger Maschinen im Bild gerecht zu werden». Das sei «wohl nur der Fotografie möglich».

In *Die Welt ist schön* heißt der Nenner der Aufnahmen nicht Schönheit, sondern Form und Strukturanalogie: «Es war ein Bilderbuch, das durch die Folge seiner Bilder implizierte, dass natürliche Pflanzenformen, Tiere, industrielle Erzeugnisse und Details von Kathedralen und Fabriken sich durch eine inhärente, gottgegebene Geometrie aufeinander bezogen.» (David Travis) Auf den Einband hatte Renger-Patzsch eine Vignette pressen lassen, die dieses Programm emblematisch verkürzt: Ein Hochspannungsmast und eine Agave beweisen die Vergleichbarkeit von Natur und Technik. Die moderne Zivilisation soll sich also auch in ihren avanciertesten Schöpfungen, den Maschinen, auf dem Nenner von Natur begreifen, als zweite Natur.

Das mit der Agave ist insofern witzig, als Edward Weston (1886–1958), der Renger-Patzsch der USA, seinen Durchbruch als neusachlicher Fotograf in Mexiko und in Auseinandersetzung mit vielen mexikanischen Dingen erlebte. Weston hat nur relativ wenige Aufnahmen von den Errungenschaften der modernen Zivilisation gemacht und sich zumeist auf Landschaften, Pflanzen, Artefakte und Menschen konzentriert. Sein Programm hieß: «Präsentation statt Interpretation»; was er suchte, war «die Sache selbst» und nicht «Selbstausdruck». Weston geht da-

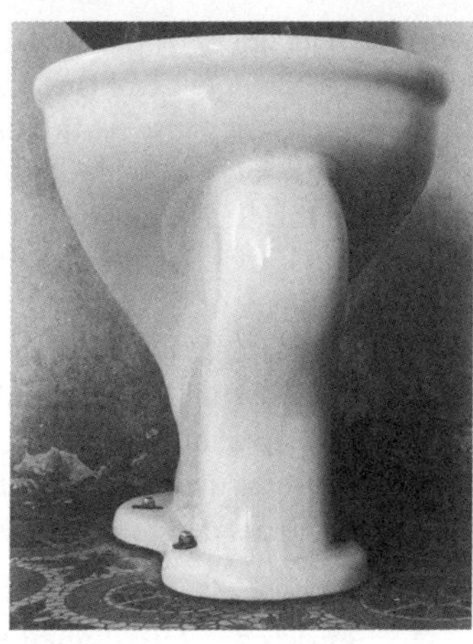

18 Edward Weston, Excusad Toilette, 1925

bei auf dem Pfad weiter, den der amerikanische Transzendentalismus des 19. Jahrhunderts eröffnet hatte: Die reine Form, scharf wahrgenommen und wiedergegeben, kann die Muster und Linien des Lebens als vitale Symbole fixieren. Damit ist die Isolation des neusachlichen Dings immanent aufgehoben: «Wolken, Torsi, Muscheln, Paprika, Bäume, Felsen, Schornsteine sind zusammenhängende, aufeinander verweisende Teile eines großen Ganzen, welches Leben heißt. Der Rhythmus des Lebens, aus einem Ding gefühlt, wird zum Ausweis des Ganzen.» Indirekt reagiert Weston damit auf den Vorwurf, den Benjamin gegen Renger-Patzsch und die ganze Richtung erhob, dass «sie jede Konservenbüchse ins All montieren, aber nicht einen der menschlichen Zusammenhänge fassen kann, in denen sie auftritt ...» 1925 fotografierte Weston in Mexiko seine Toilettenschüssel (Abb. 18): «dieses glänzende, porzellanene Gefäß von außerordentlicher Schönheit». «Meine Inspiration kam als rein ästhetische Reaktion auf die Form. ... erst als ich sein Bild auf der Mattscheibe erblickte, wurde ich mir über seine Möglichkeiten klar. Ich war aufs äußerste erregt! – hier stand jede Kurve der ‹göttlichen Form des Menschen› sinnlich vor mir, abzüglich aller Fehler.» Immer an rundplastischen Formen interessiert, denkt Weston an griechische Skulpturen; die Schüssel erinnert ihn «in der schwellenden, schwungvollen Vorwärtsbewegung ihrer bewegten Konturen an die Nike von Samotrake». Er fertigt eine Serie von Aufnahmen: von verschiedenen Standpunkten aus, mit wechselnden Objektiven. Schließlich entscheidet er sich für die Aufnahme vom Boden aus, ohne Öffnung und ohne Deckel, d. h., er fasst die Schüssel in der Tat «ohne einen der menschlichen Zusammenhänge ..., in denen sie auftritt». Gebrauch stört, er entschuldigt sich für die angeblichen Mängel seiner Bilder damit, «dass ich alle diese Negative unter großem Zeitdruck gemacht habe, jeden Moment fürchtend, jemand könne einem natürlichen Bedürfnis folgend die Toilette zu anderen Zwecken als den meinen benutzen».

Antlitz der Zeit: August Sander und Walker Evans

August Sander (1876–1964) hatte als einziger der in diesem Kapitel behandelten Fotokünstler eine Ausbildung als Studiofotograf absolviert und für viele Jahrzehnte sein Studio erst in Linz, dann in Köln betrieben. Hauptsächlich Porträts wurden also von ihm verlangt, Bildnisse von Menschen im Sonntagsgewand, in repräsentativer Pose, womöglich vor korrekter Atelierkulisse. Sander hat das zwar gemacht, aber er ließ sich die Faszination für die Gattung Porträt nicht durch das Tagesgeschäft nehmen. Es fängt schon damit an, dass der Großteil der Aufnahmen, für die er heute berühmt ist, im Freien entstanden. Im Freien und in der den Modellen geläufigen Umgebung. Sander war nach Atget ein weiterer großer Autorenfotograf der dokumentarischen Richtung, also einer, der in eigener Regie ein Projekt verfolgt, eine langjährige, von einem Konzept getragene fotografische Recherche anstellt. Ab etwa 1925 entwirft Sander den Plan für einen physiognomisch-soziologischen Atlas, den er großzügig «Menschen des 20. Jahrhunderts» nannte und der in sieben Kapiteln etwa 600 Aufnahmen umfassen sollte. Die Gruppen bauten auf der sogenannten Stamm-Mappe, einer Sammlung von Bauernporträts, auf und hießen dann «Der Bauer», «Der Handwerker», «Die Frau», «Die Stände», «Die Künstler», «Die Großstadt» und «Die letzten Menschen». Diese

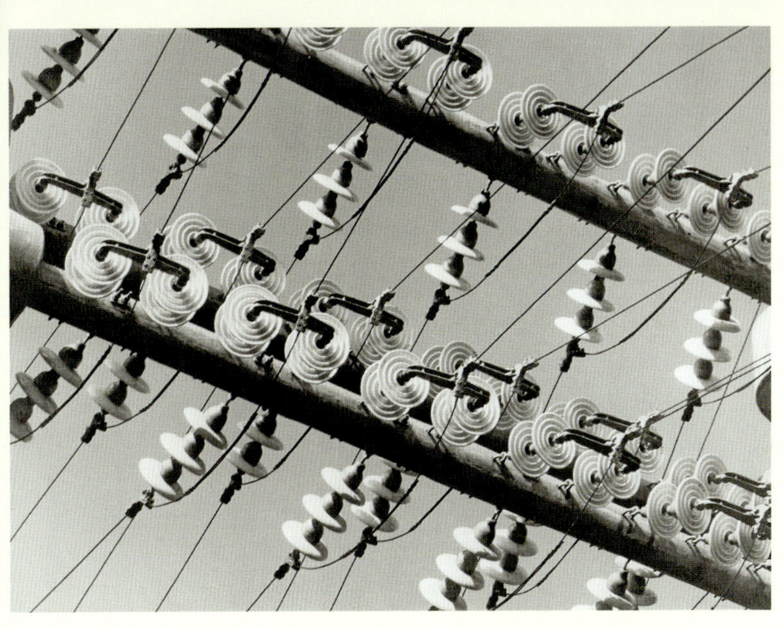

19 Albert Renger-Patzsch, Isolatorenkette, 1925

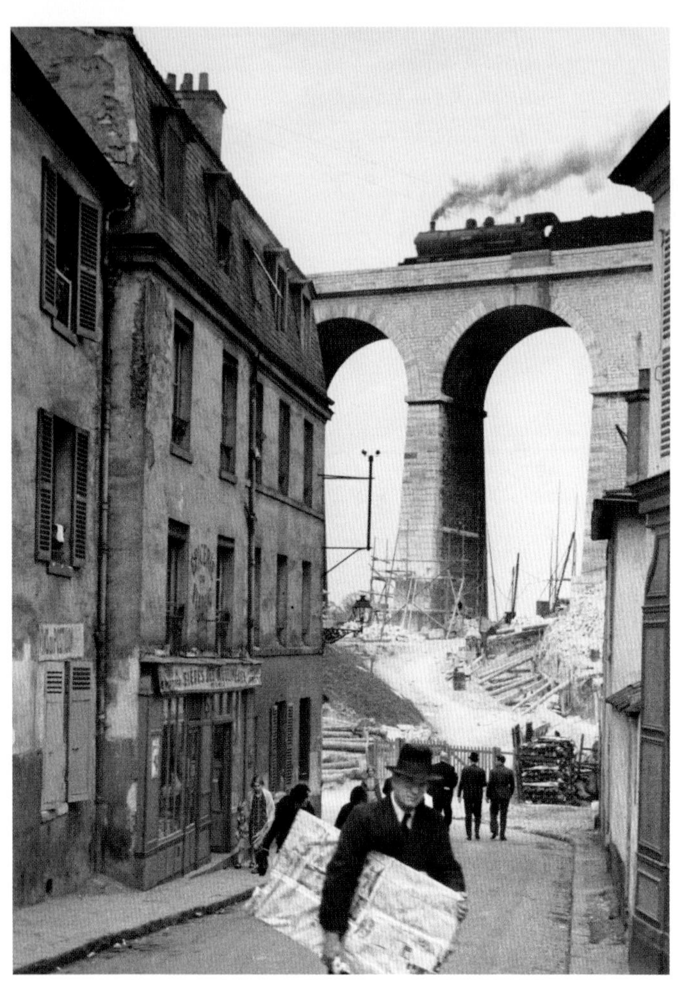

20 André Kertész, Meudon, 1928

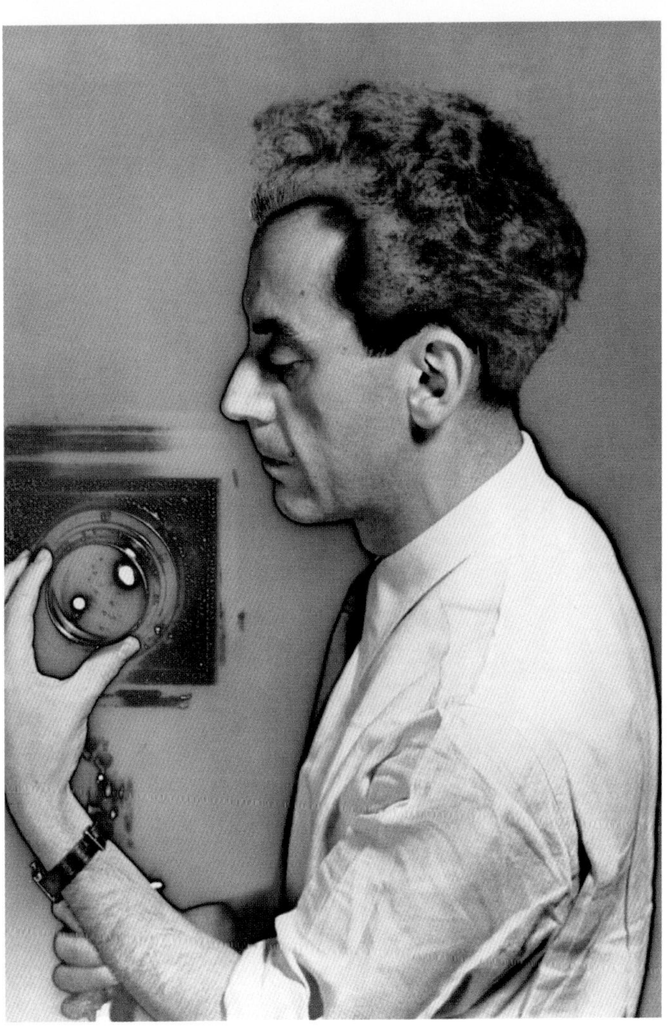

21 Man Ray, Selbstporträt, 1932

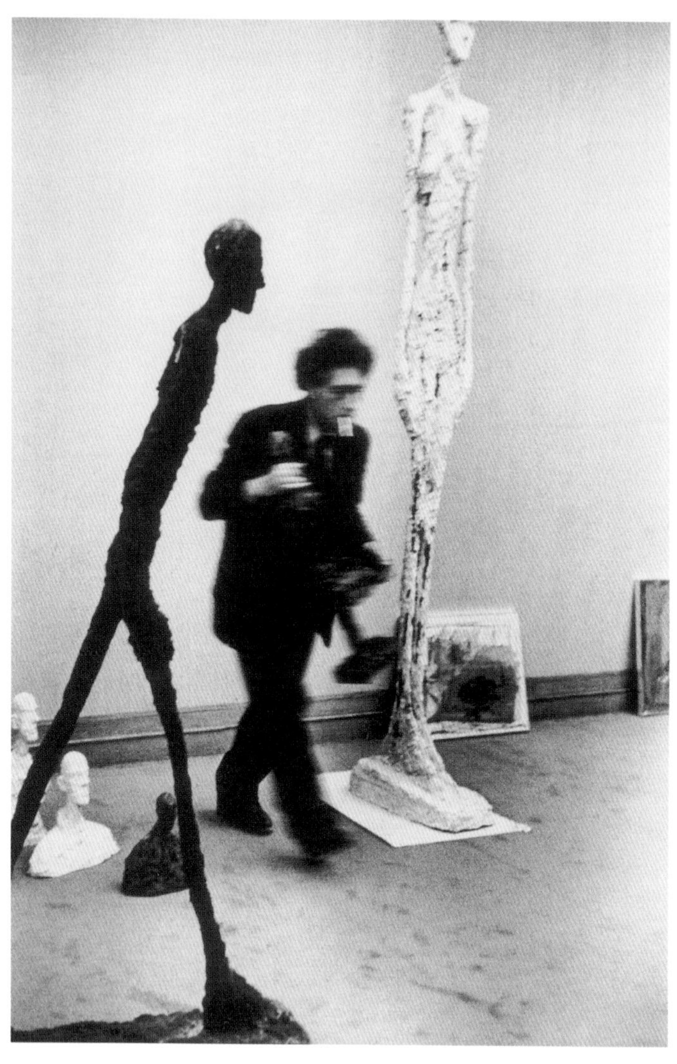

22 Henri Cartier-Bresson, Alberto Giacometti, 1961

Kategorisierung war, wie man leicht erkennen kann, nicht am Modell der Klassen, der Stände, der Milieus orientiert; jeder Soziologe der Weimarer Republik hätte natürlich die Arbeiter und die Angestellten vermisst und sie nicht in einer Mappe mit dem Titel «Die Stände» aufgehen lassen – Sanders Interesse aber galt dezidiert Menschen, die Charakter hatten, einen von Umwelt und Arbeit sichtbar ausgeprägten Charakter. Deswegen ging er nach draußen, zu den Vertretern der von ihm bevorzugten Berufsgruppen, und sorgte dafür, dass sie sich mit typischen Attributen und Kleidungen und in einer spezifischen Haltung aufbauten. Es gibt nur ganz wenige Fotografen, die ihre eigenen Vorstellungen mitbringen und dennoch dem Gegenüber die Möglichkeit zur Selbstdarstellung lassen. Insofern ist Sanders Wort, dass der Porträtierte sich selbst porträtiert, für seinen Ansatz, der so viel auf Inszenierung setzt, übertrieben, aber nicht falsch.

Nun war das «Menschenbild» durch die Standardaufnahme in gehobener Kleidung und vor Atelierkulissen seit Jahrzehnten neutralisiert worden, und es gab Stimmen, die ohnehin eine Art Verfall des physiognomischen Ausdrucks in der Moderne annahmen, sodass sich Medium und Sujet parallel abwärts entwickelt hätten. Sanders Unternehmen, das dagegenhielt, sollte aber gleich in einem neuen, in einem politischen Kontext nützlich sein. Was Alfred Döblin Sanders «vergleichende Fotografie» nannte, ist für Walter Benjamin ein Grundkurs in politischer Physiognomik: «Machtverschiebungen, wie sie bei uns fällig geworden sind, pflegen die Ausbildung, Schärfung der physiognomischen Auffassung zur vitalen Notwendigkeit werden zu lassen. Man mag von rechts kommen oder von links – man wird sich daran gewöhnen müssen, darauf angesehen zu werden. Woher man kommt. ... Sanders Werk ist mehr als ein Bildband: ein Übungsatlas.»

Die aus zwei Bildern zusammenmontierte Aufnahme, die wir ausgesucht haben, zeigt zwei Menschen, die noch ohne Arbeitswerkzeug und politische Überzeugung auftreten (Abb. 23). Sander hat hinreißende Aufnahmen von Kindern gemacht, die sich auch ohne die genannten Zeichen sehr leicht als Abkömmlinge bestimmter sozialer Verhältnisse erkennen lassen. Diese

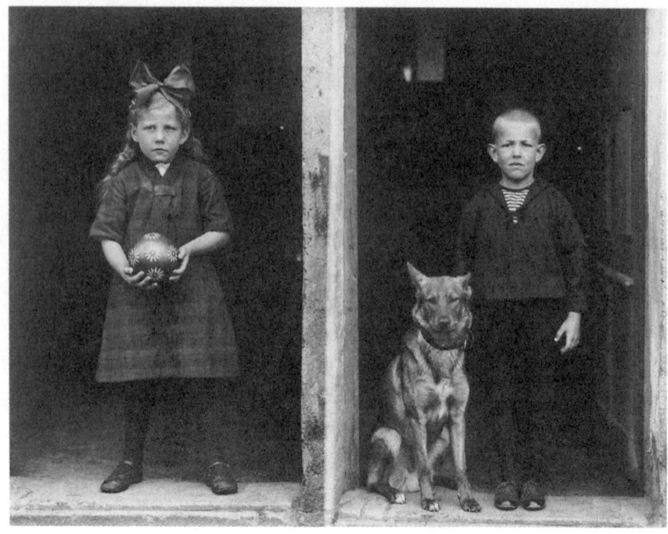

23 August Sander, Bauernkinder, 1931

beiden Kinder gehören dem Milieu an, das sowohl auf dem Lande als auch in Arbeitervierteln angetroffen werden kann. Das sagt vor allem der auf ein rohes Minimum reduzierte Türrahmen, in den sie treten. Man hat den Eindruck, dass diese Kinder sich nicht nur für den Fotografen aufgestellt, sondern auch für ihn angezogen haben. Gleichwohl sticht ihre dunkle und solide Kleidung von den hellen und leichten Gewandungen ihrer Altersgenossen aus bürgerlichem Milieu ab, die Sander ebenfalls festgehalten hat. So lässt sich fortfahren: Der Hund ist mager und ungepflegt, man vergleiche ihn mit dem gestriegelten Begleiter von Sanders *Notar* von 1924 usw. – «Sehen, Beobachten, Denken» hieß Sanders Werkmaxime.

In den 30er Jahren, in der Zeit nationaler und internationaler Krisen, verlagerten die Dokumentaristen ihre Aufmerksamkeit von den Sachen auf die sozialen Zustände. Das bis heute bekannteste fotografische Projekt sind die Aktivitäten der FSA, der Farm Security Administration und ihrer Informationsabteilung unter Roy Stryker. Die FSA war ein Hilfsprogramm des New Deal für notleidende Kleinbauern in den von der Dürre heimgesuchten Landstrichen der mittleren und südlichen Staaten. Diese Abteilung arbeitete von 1935 bis 1941 und beschäftigte insgesamt 23 Fotografen, die ca. 250 000 Bilder vom herrschenden Elend und von den Reformmaßnahmen schossen – unter ihnen Walker Evans, Ben Shawn, Dorothea Lange, Gordon Parks (164 000 Aufnahmen hat die Washingtoner Library of Congress digital verfügbar gemacht). Diese Fotos sollten «Amerika den Amerikanern vorstellen», sie sollten die Amerikaner bewegen, die Ausgabe massiver Unterstützungsgelder für die Armen zu billigen und Kenntnis zu nehmen vom regierungsamtlichen Handeln.

Walker Evans arbeitete für verschiedene Zeitschriften und Verlage, fertigte Fotoessays, machte Ausstellungen und stellte Bildbände zusammen, aber die Aufnahmen, mit denen er sich in die Fotogeschichte und in das Menschheitsgedächtnis eingeschrieben hat, sind die Bilder vom Elend der Farmer. Es ist merkwürdig: Er, der zeit seines Lebens Aufträge nur dann annahm, wenn man ihm völlig freie Hand ließ, hat Bilderserien geschaffen, die sich sehr gut in Programm und Praxis der FSA einfügen lassen. Stryker verfolgte einen kontextualistischen Ansatz, er wollte, dass seine Fotografie «die Leute mit dem Land in Beziehung setzten und umgekehrt», er wollte die Lebensbedingungen und die landwirtschaftlichen Produktionsweisen genauso aufgenommen wissen wie die kulturellen Zeugnisse des ländlichen Amerika. Stryker wusste natürlich, dass seine Abnehmer, die Illustrierten, die so entstehenden langen Bildstrecken, diese Art von fotografischer Feldforschung nicht adäquat reproduzieren würden, aber er beharrte auf dem «ganzen Bild», vielleicht weil er wie andere Feldforscher auch wusste, dass es sich um eine schnell untergehende Kultur handelte – er selbst trug ja zu diesem Untergang bei. Evans jedenfalls machte bei dieser quasi völkerkundlichen Inventarisierung mit und behielt diesen methodischen Ansatz auch dann bei, wenn er unabhängig von der FSA Aufträge annahm. So im Fall seiner berühmtesten Serie, die er für *Fortune* anfertigte und die später in ein Buch

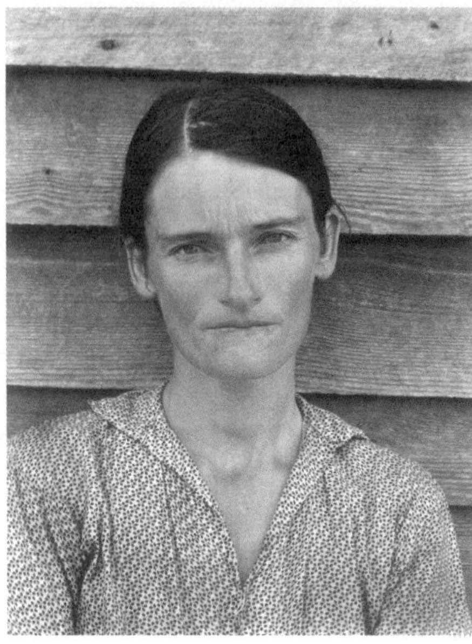

24 Walker Evans, Allie Mae Burroughs, 1936/37

eingearbeitet wurde, das Evans gemeinsam mit dem Schriftsteller James Agee anfertigte und das 1941 mit dem Titel *Let Us Now Praise Famous Men* erschien. Dieser Klassiker der literarischen Sozialreportage behandelt in Schrift und Bild das Schicksal dreier Familien, die als «Sharecroppers», als Pachtbauern, in einer von Dürren heimgesuchten Region Alabamas ihr Leben fristen. Einige der neusachlichen Bildnisse sind berühmt geworden, wie etwa das Bild der abgekämpften, früh verhärmten Allie Mae Burroghs (Abb. 24). Selbstverständlich existieren auch Aufnahmen der Personen in ganzer Größe oder mit ihrer Arbeit beschäftigt, aber es ist schon erwähnenswert, dass der Fotograf von einer Unbekannten eine porträthafte Studie macht. Das ist die neusachliche Sicherheit, im scharf präparierten Detail das Ganze vorzufinden. Auch Evans' Kollegen, darunter am bekanntesten Ben Shawn, Dorothea Lange und Arthur Rothstein, haben Bilder wie diese gemacht; wenn es ein Indiz für die Urheberschaft von Evans gibt, dann ist es die Hauswand aus wettergegerbten Brettern, gegen die sich die Frau lehnt. Für Walker Evans war dieses Holz vieles: Attribut von Armut, Stilmerkmal der anonymen Architektur des Südens, eine Folie, die sich gewissermaßen parallel zu den vor ihr lebenden Menschen entwickelte: gegerbt und ausgelaugt, aber unglaublich zäh.

Unter den FSA-Fotografen war Evans derjenige, der viel Wert auf die anspruchslosen Ressourcen der «Volkskunst» legte, sowohl auf Werbeplakate als auch auf handgemalte Schilder und immer wieder auf übermalte, gerissene und raue Strukturen hölzerner Bauten. Dieses sachliche Engagement wird man nicht bei Albert Renger-Patzsch finden, mit dessen formalem Programm Evans sonst übereinstimmte. Das in der Tradition des Deutschen arbeitende Ehepaar Becher hat mit seinen Aufnahmen von ländlichen Fachwerkbauten des Siegerlands einen ähnlichen Ansatz verfolgt. Evans seinerseits behielt dieses Interesse sein Leben lang; er war ein großer Sammler von «Americana» – insofern ist der Titel, den das Museum of Modern Art 1939 der Ausstellung *Walker Evans: American Photographs* gab, nicht banal. Das war im Übrigen die erste Einzelshow eines Fotografen in jener Institution, die man später den «judgement seat», den Richterstuhl der fotografischen Kunst, nennen sollte.

Ephemere Wahrheiten: Der fotografische Moment

«Der fotografische Moment wird zu einem gleichberechtigten Komplement des fotografischen Objekts.» (David Travis) Dolf Sternberger hat in seinem 1934 erschienenen Essay *Die Kunst der Fotografie* aufgelistet, was sich als Sujet der Fotografie seiner Zeit anbot: «Der Moment vor dem Tode, der Moment des Motorradfahrers in der Kurve, der Moment des Schusses und der des Schmerzes, der Moment der Säuberung einer Straße durch die Polizei, der Moment glücklicher Ankunft, der Moment des Schreiens, der ohnmächtigen Wut des Gefangenen, des Hungers und der Üppigkeit, auch – der Moment des Fotografiertwerdens.» Das sind weitgehend Bildvorwürfe, die nur mithilfe der Kamera wahrgenommen werden, sie entziehen sich dem unbewaffneten Auge und erst recht den Möglichkeiten der alten Bildkünste.

Lessing hatte im *Laokoon* empfohlen, den zu wählenden Augenblick nicht als Höhepunkt und damit tendenziell nicht als Schnitt zu markieren, sondern als Phase, die quasi schwanger ist mit dem, was vorausging, und dem, was folgen wird. Das Ziel des fotografischen Schnittes ist auch nicht mehr nur die Apperzeption des Optisch-Subkutanen, also die «Erziehung des Auges», wie es sich Étienne-Jules Marey für seine wissenschaftliche Momentfotografie vornahm – außer dem Epochenthema Geschwindigkeit ist es das nicht Geplante und Planbare. Noch einmal Sternberger: «Dies Hundertstel oder Tausendstel einer Sekunde, das man zur Belichtung braucht, fährt wie ein Blitz hinein in das Dickicht der Welt und langt hervor, was unausdenkbar ist: den Zufall.» Das Nicht-Wahrnehmbare und das Nicht-Determinierte stellen also die zwei Materialien der Momentfotografie. Die technischen Voraussetzungen sind klar: kleine Handkameras, schnelle Verschlüsse, sensible Filme. So heißt es bei Louis Aragon: «Dank der technischen Vervollkommnung ist es dazu gekommen, dass die Fotografie das Studio verließ und ihren statischen, akademischen Charakter, ihre Festigkeit verlor. Sie hat sich unter das Leben gemischt; sie begibt sich überall hin und überrumpelt das Leben und wieder enthüllt und denunziert sie mehr als die Malerei ...» Die mediengeschichtlichen Umwälzungen sind ebenfalls schnell benannt: Ab den 20er Jahren ist die Bildreportage für die großen illustrierten Blätter ein epochales Faktum. Die Publikumspresse baut ebenso darauf wie die politisch orientierten Organe. Gerade die extremen Parteien sind in ihrer Pressearbeit auf dem höchsten Stand der technischen und gestalterischen Entwicklung. Das gilt für die Kommunisten in Russland und in Deutschland, für die Faschisten in Italien und später für die Nationalsozialisten. Die 20er Jahre waren die Lehrzeit des Fotojournalismus; an ihrem Ende hatten die großen Blätter ihre eigenen Fotografen und rekrutierten nicht mehr nur für einzelne Aufträge. Es entstand die Gattung des Foto-Essays, eine mit nur wenig Text unterlegte Folge von Bildern, die vor allem das moderne Layout zu einer spannungsreichen Einheit formte. Als das Genre etabliert war, wurde sein Programm von dem bekanntesten und einflussreichsten Magazin wie folgt definiert – das Zitat stammt aus der ersten Nummer, datiert 23.11.1936, von *Life*: «Das Leben sehen, die Welt sehen, Augenzeuge großer Ereignisse sein, die Gesichter der Armen und das Gehabe der Stolzen erblicken – Maschinen, Armeen, Menschenmassen, Schatten im Dschungel und auf der Mondoberfläche; die Werke des Menschen sehen, seine Gemälde, Bauwerke; Dinge wahrnehmen, die Tausende von Kilometern entfernt sind, hinter Mauern, in Innenräumen, an die heranzukommen gefährlich ist; Frauen, die Männer lieben, und Scharen von Kindern; sehen und am Sehen Freude haben; sehen und staunen; sehen und belehrt werden.»

Unter den Momentfotografen ist André Kertész (1894–1985) eine der wichtigsten Figuren. Kertész hat eine Modellkarriere zurückgelegt, die das Rollenmodell für zahlreiche Fotografen der Zeit nach dem Zweiten Weltkrieg wurde. Der Ungar hatte schon im Ersten Weltkrieg fotojournalistisch gearbeitet, war 1925 nach Paris umgesiedelt und arbeitete seitdem für Zeitungen und Magazine, für die *Berliner Illustrierte*, die *London Times*, dann ab 1928 für *Vu* und ab 1937 in den USA für *Harper's Bazaar*, *Vogue* und *Look*. Er arbeitete sowohl mit als auch ohne Auftrag, war ständig auf eigene Faust unterwegs und fotografierte experimentell, avantgardistisch, so z.B. auf dem Gebiet der Aktfotografie, wo er Zerrspiegel einsetzte. Diese Akte waren interessanterweise ein Auftrag, was belegt, dass die Magazine von Kertész Ungewöhnliches erwarteten. Der Herausgeber von *Vu*, Lucien Vogel, war bereit, Fotografien von Kertész ohne Text einzustellen, also nicht als Illustrationen zu verwenden, sondern, dem neuen Reinheitsgebot entsprechend, als Fotografien «an sich». In einer Zeit, da die «Illustrierten» selbstverständliche Illustrationen ihrer Texte erwarteten, war dies ein weitgehender Schritt. Die Zerrbilder erschienen dann 1933 sowohl in einer Frauenzeitschrift als auch in dem Fachblatt *Arts et métiers graphiques*. Im selben Jahr brachte Kertész diese Serie unter dem Titel *Distortions* als Buch heraus, sein zweiter Bildband, dem zu Lebzeiten noch 14 weitere folgen sollten. Kertész stand in engem Kontakt zunächst zu der Pariser Dada-Gruppe, dann zu den Surrealisten. Er verkaufte 1929 eine Reihe von Aufnahmen an die Berliner Museums- und Kunstbibliothek, im selben Jahr hatte er in Paris die erste Ein-Mann-Ausstellung eines Fotografen. Mit anderen Worten: Kertész war ein großer Fotograf, aber sein Verwertungsgeschick war nicht minder entwickelt.

Aus den Aufnahmen, die Kertész für seinen Bildband *Paris* (1934) sammelte, wählen wir diejenige, die er 1928 in Meudon, einer kleinen Stadt in der Pariser Banlieu, schoss (Abb. 20). Renger-Patzsch hat auch solche Sichtachsen durch unberühmte Orte geschlagen: links und rechts eine Mauer aus banalen Häusern und am Ende der Flucht ein Monument der Industrie oder des Verkehrs. Aber der Fotograf der Neuen Sachlichkeit hätte die «Sachen» für sich sprechen lassen, ohne Personal, ohne Bewegung. Er hätte vermutlich die Brücke mit ihren sieben Bögen als schiere Erstreckung abgebildet – es handelt sich immerhin um eine berühmte Architektur, das erste Ingenieursbauwerk des französischen Eisenbahnwesens, eingeweiht 1840. Für Kertész ist solch ein Motiv aber nur dann eine Herausforderung, wenn es sich bespielen lässt, wenn es eine «ephemere Wahrheit» enthält, wie Pierre Bost im Vorwort zu einer Mappe schrieb, die auch Fotografien von Kertész enthielt: «ephemere Wahrheit», das «spezielle Kennzeichen und Handicap» der Momentfotografie. Wobei das Ephemere, das Flüchtige, von Kertész in einen festen Rahmen gestellt wird: Den bilden auf diesem Bild die architektonischen Elemente der Straßenfronten und als Querriegel das Viadukt. Der Zug erscheint auf der Höhe der Brücke mit Lok und Tender und hat noch ein Stück frei sichtbaren Gleisweges vor sich, ist also im «richtigen», im vorausweisenden Moment seines Auftauchens erfasst. Dieser Zeitpunkt lässt die Ergänzung nach vorne wie nach hinten zu, denn wir müssen uns natürlich auch die anhängenden Wagen vorstellen. Die Zeit der Momentfotografie ist also nicht nur momentan, sondern auch gehaltvoll. Das ist sie auch, indem sie als universale Größe die ganz diversen Elemente koordiniert. Der voranstrebende

Zug hat ein Pendant auf der Erde, in dem Mann, der ein großes flaches Paket trägt, das vielleicht ein Bild enthält. Seine Beine sind abgeschnitten, das betont das «Augenblickliche», das scheinbar ohne Überlegung in die Szene Hineingeschnittene der Aufnahme. Gleichzeitig bedarf es der Beine gar nicht, denn das lange Paket gibt deutlicher als alles andere die Richtung vor, in die der Mann strebt, und wir unterstellen ihm eine gewisse Eile in seinem Gang, denn die Geschwindigkeit des Zuges übertragen wir instinktiv auch auf ihn. Er ist das menschliche und gewissermaßen irdische Gegenstück zum Zug.

Walter Benjamin, ein anderer Kenner von Paris und kein Freund der Fotografie für Zeitschriften, schrieb einige Jahre nach dieser Aufnahme: «Immer kleiner wird die Kamera, immer mehr bereit, flüchtige und geheime Bilder festzuhalten, deren Chock im Betrachter den Assoziationsmechanismus zum Stehen bringt.» Letzteres ist meiner Meinung nach hier nicht gegeben: Wir werden vom Fotografen geradezu zu einer Aktivierung unseres «Assoziationsmechanismus» angeregt. Nach Dalí ist die Fotografie «der sicherste Träger der Poesie und der geschickteste Vorgang, um die feinsten Wechselwirkungen einzufangen, die sich zwischen Realität und Surrealität ergeben». Die feinsten Wechselwirkungen haben nicht mit Schock, sondern mit Aufmerksamkeit und Wundern zu tun. Vielleicht fängt das Wundern dort an, wo man sich über den Zusammenstoß des so aufwendigen Apparates für Fortbewegung und dessen leichtfüßiger Version im Vordergrund klar wird und bei Registrierung dieses Antagonismus erfährt, dass er aus der Beachtung sich selbst nicht beachtender Vorgänge resultiert. Wir nehmen schon das plötzliche und genau abgezirkelte Auftauchen der Bahn als kleine Sensation wahr, und im gleichen Moment werden wir mit dem Mann als dem Nichtbetrachter im Bild konfrontiert: Er geht einen anderen Weg, er verfolgt sein eigenes Geschäft. Ähnliches gilt natürlich auch für die Bahn, von der aus niemand sich um das Treiben am Boden scheren würde. Derart ist die «ephemere Wahrheit» dieses Bildes, dass seine zufällige Zeitlichkeit das beziehungslose Nebeneinander der Welt wie in einem Bernstein einschließt, nur für uns festhält. Wir, die

Betrachter, haben das ganze Bild, welches das Bild ist, das die im Bild Befangenen sich nicht machen – höchstens wegtragen, wenn es das ist, was der Mann in den Armen hält. Denkt man an die Liebe de Chiricos zu einsamen Zügen im Hintergrund, dann ist dem Kritiker recht zu geben, der von dieser Fotografie schrieb: «In ihrem sinistren Geheimnis könnte auch de Chirico sie geträumt haben.» (Ken Johnson) Denken wir noch einmal an den großen Konkurrenten Renger-Patzsch. Er hat einmal geschrieben: «Da er (der Fotograf) auf die Wirklichkeit angewiesen ist, kann er die ‹Idee› nicht fotografieren. Sein einziges Glück ist der Ausschnitt, durch den er den Betrachter auf den Gegenstand konzentrieren kann. Immer ist ihm dabei das Zufällige im Wege.» Hatte in Renger-Patzsch der Ausschnitt seinen Meister gefunden, so in Kertész der Zufall.

Die Verletzung des Mediums: Surrealismus und Fotografie

Zusammen mit der Dada-Bewegung sind die Surrealisten in erster Linie Benutzer und nicht vorrangig Autoren der Fotografie gewesen. Wie die Appropriationisten unserer Tage waren sie der Meinung, dass schon sehr viel fotografiert worden war und man von diesem unermesslichen Vorrat zu wenig Gebrauch gemacht hatte. In Zeitschriften, Büchern und Ausstellungen nahmen die Surrealisten also Fotografien als meist unkommentierte Inspirationsvorlagen auf – das konnten Fotos aus der Presse, aus privaten Alben oder die Aufnahmen von professionellen, aber offenbar unterschätzten Fotografen sein: Die Pariser Szenerien Eugène Atgets und die Pflanzenfotos Karl Blossfeldts fallen einem als Erste ein. Was man in den diversen Arten der Fotografie suchte, war nicht das Abbild, die Information, die Struktur, noch nicht einmal die ungewöhnliche Perspektive. Man erwartete das Unerwartete. Pierre Mac Orlan schreibt 1928 über den Auftrag der Fotografie: «Eigens geschaffen, das auszudrücken, was es an Phantastischem, Sonderbarem und Übermenschlichem um uns herum gibt und was in der menschlichen Persönlichkeit selbst liegt.» Wenn André Breton sagte: «Laßt uns nicht vergessen, dass in dieser Epoche die Realität selbst in Frage gestellt wird», dann war jede Entdeckung einer Sonderbarkeit im realistischen Medium der Fotografie ein surrealistischer Triumph. Dalí entdeckte im Vordergrund eines Familienbildes eine dorthin nicht gehörende Garnrolle, er baute auf diesem Fund eine großartige Theorie auf. Wir sind wieder bei jener Faszination angekommen, welche die frühen Betrachter zur detaillierten Lektüre von Fotografien veranlasst hatte – dass sie lauter Dinge fanden, welche im Moment der Aufnahme niemand realisiert hatte. Dass es eine jeweils andere Natur ist, die zum Auge und die zur Kamera spricht, dieses Wort Benjamins lässt sich auch auf die surrealistische Lust an dem «desinteressierten Spiel der Dinge» übertragen – wenn wir aus einer berühmten Definition André Bretons Gedanken durch Dinge ersetzen dürfen. Roland Barthes wird viele Jahre später diese Extras der Fotografie als ihr «punctum», als das, was uns an einer Fotografie «sticht», bezeichnen.

Selbstverständlich hat sich die surrealistische Bewegung nicht nur mit gefundenen Aufnahmen begnügt, sondern auch «neue» gemacht. In ihrem Einflussbereich werden zum einen «reine», abstrakte und abstrahierende Verfahren entwickelt. Man Ray (1890–1976), Freund von Marcel Duchamp und einer der vielen Amerikaner in Paris, hatte schon Anfang der 20er Jahre mit technischen Experimenten begonnen. Die Rayographie (Fotogramm), die Solarisation (Sabattier-Effekt), die Fotomontage und die Fotozeichnung gehen entweder auf ihn zurück oder wurden von ihm aus Wissenschaft und Technik für die Zwecke der Kunstfotografie adaptiert. Die Rayographie war eine zufällige Wiederentdeckung eines Verfahrens, das schon Talbot angewandt hatte, als er Spitzen und Blätter im Kontaktabzug abbildete. Bereits 1918 hatte Christian Schad ähnliche Bilder erstellt, er nannte sie Schadographien, und natürlich spielte das Fotogramm in der elementarisierenden Kunstauffassung des Bauhauses eine Rolle. Für die Pariser Dada-Gemeinde, der Ray angehörte, waren diese Selbstabbildungen pures «Dada», und sie waren dem sich anschließenden Surrealismus hochwillkommen. Sie befreiten das Medium von menschlicher und apparativer Einwirkung sowie tendenziell auch von seiner Objektbindung und meinten das Schreiben mit Licht wörtlich. Salvador Dalí konstatierte: «Die Hand greift nicht mehr ein. Feine physikalisch-chemische Harmonien.» Man Ray nannte die Fotogramme «champs délicieux», «köstliche Felder»; er veröffentlichte sie zuerst 1922 in einem Album dieses Titels mit einem Vorwort von Tristan Tzara, das einen ebenso bedeutsamen Titel hatte: *La Photographie à l'envers* (*Die verkehrte Fotografie* oder *Die Fotografie andersherum*). Typisch für die Publikums- oder Publizistiknähe der dadaistischen und surrealistischen Bewegung war, dass im gleichen Jahr 1922 in *Vanity Fair* eine Vorstellung der neuen Methode der Rayogramme erfolgte. Die Zeitschrift *Vanity Fair*, also der Jahrmarkt der Eitelkeiten, begriff als Trick und Sensation, was für die Urheber kleine Wunderwelten waren.

Die Solarisation hingegen, welche auf einer Zufuhr von Licht in der Dunkelkammer beruht, hatte eine partielle Umkehr der Lichteinwirkung zur Folge: Teile des Bildes erscheinen als Negativ, andere als Positiv, Konturen verschwinden und werden durch parallele Licht- oder Dunkelbänder begleitet, Körper lösen sich zugleich auf und werden plastisch erhärtet (Abb. 21). Für den Surrealisten war die Kopräsenz der zwei gegensätzlichen Zustände Positiv und Negativ eine große Sache; ihre Effekte ließen sich als die Sichtbarmachung auratischer Phänomene interpretieren – die stets gesuchte Magie der Dinge automatisch produziert. Überhaupt war die surrealistische Fotopraxis voller Tricks: Es wurden Negative abgebildet, Mehrfachbelichtungen vorgenommen, Filme partiell angesengt, optische Verzerrungen aufgenommen. Hier wird der Gegensatz zu den «reinen», mediengerechten Tendenzen der zeitgenössischen Fotografie besonders deutlich. So heißt es bei Man Ray: «… in jedem Fall sind die Verletzungen des Mediums die deutlichsten Zeugnisse für die Haltung des Künstlers, denn ein gewisses Maß an Verachtung gegenüber den Arbeitsmaterialien ist zur möglichst ungetrübten Umsetzung der Idee unerläßlich.»

So viel zur surrealistischen Fototechnik, die sich noch durch die Behandlung der Gelatineschichten durch Erwärmen ergänzen ließe, womit wir wieder in der Nähe der chemischen und mechanischen Manipulationen des Piktorialismus wären. Es gibt aber auf der anderen Seite natürlich auch den rein fotografischen Ausdruck des Surrealismus. Auch hier ist Paris der Vorort, Paris, das als surrealistischer Themenpark von Louis Aragon in *Le paysan de Paris* (1926) wiederentdeckt wurde – wieder soll heißen, nachdem die Surrealisten das Werk ihres großen Vorgängers Eugène Atget zur Kenntnis genommen hatten. Zu der Zeit, da Walter Benjamin den Pariser Flaneur als Schlüsselfigur der Moderne im 19. Jahrhundert entdeckte, gingen die Künstler die Stadt weiterhin unermüdlich ab. Der Dichter Léon-Paul Fargue veröffentlichte 1932 *Le piéton de Paris* (*Der Fußgänger von Paris*), ein Jahr später kam sein Freund, der Fotograf Brassaï (1899–1984), mit dem Bildband *Paris de nuit* (*Paris bei Nacht*) heraus. Und von 1932 bis 1938 sammelte Brassaï auf Anregung von Picasso die Graffiti der Pariser Hauswände. Brassaï hatte technisch wie konzeptionell einiges von seinem Landsmann André Kertész gelernt, der ebenfalls 1933 seinen Bildband *Paris* erscheinen ließ. Dort aber sind wir schon gewesen.

Der entscheidende Augenblick: 1940–1970

Der entscheidende Augenblick: Henri Cartier-Bresson

Henri Cartier-Bresson (1908–2004) hatte 1946 eine Einzelausstellung im Museum of Modern Art und gründete ein Jahr später die Fotoagentur Magnum (zusammen mit Robert Capa, David Seymour und George Rodger), die bekannteste aller Agenturen für Pressefotografie – bis zum heutigen Tag. 1952 brachte er seinen ersten Bildband heraus. Die Daten und Vorgänge sagen sehr viel über die mehrgleisige Strategie aus, die für Cartier-Bresson und für viele andere Fotografen nach dem Zweiten Weltkrieg typisch ist. Wir hatten ein ähnlich vielfältiges Berufsbild schon bei André Kertész vorgefunden, der in vieler Hinsicht das «role model» der Nachkriegsgeneration war. Letzterer hatte seine fotojournalistische Karriere 1925 in Paris begonnen.

Auf der einen Seite steht also das Museum, die Kunstfotografie, auf der anderen die Tagespresse, die angewandte Fotografie. Und an dritter Stelle der Bildband, das gesammelte Werk. Das Museum war kein überzogener Bestimmungsort: Cartier-Bresson hatte im Paris der Vorkriegszeit von den Surrealisten gelernt und für sie gearbeitet – einige seiner berühmtesten Fotografien datieren von damals. Als er seine Agentur gründete, blieben der Apparat und das Bildkonzept dasselbe. Als Apparat diente die Kleinbildkamera, am besten die Leica. Sie ermöglichte dem «Straßenfotografen» ein Arbeiten mitten im Milieu, eine unbemerkte Gegenwart, eine Abbildung schnell ablaufender Prozesse. Der Erfinder Vannevar Bush sah in seinem berühmten Aufsatz *As We May Think* 1945 eine Mensch-Maschine-Einheit zur Perpetuierung der Momentaufnahme voraus: «Der Kamerajäger der Zukunft trägt auf seiner Stirn eine kleine Beule ein wenig größer als eine Walnuß. ... Die Schnur, die den Auslöser bedient, reicht den Ärmel hinunter, bis dorthin, wo die Finger sie leicht erreichen. Ein kurzer Druck und das Bild ist gemacht.»

Cartier-Bresson setzte den verbleibenden Anteil des Fotografen freilich höher an. Er brachte sein Konzept 1952 auf die berühmte Formel vom «entscheidenden Augenblick» (le moment décisif). Der Fotograf wird beauftragt, «eine Tatsache im Bruchteil von Sekunden» zu *erkennen*. Cartier-Bresson sagte: «Unser Medium ist die Bewegung, eine Art Vorahnung des Lebens» und «Für mich besteht die Fotografie im gleichzeitigen, blitzschnellen Erkennen der inneren Bedeutung einer Tatsache einerseits, und auf der anderen Seite des strengen und rückhaltlosen Aufbaus der optisch erfassbaren Formenwelten, die jene Tatsache zum Ausdruck bringt.» Man könnte meinen, dass hier gewaltsam eine Synthese von Kunstanspruch («Aufbau») und Presse («blitzschnelles Erkennen») hergestellt wird, aber der Surrealismus und seine Zufallsästhetik hatten beide Programmpunkte bereits vorbereitet. Im Grunde muss der Fotograf gleichzeitig im Bruchteil einer Sekunde, spontan, die «Empfindung plastischer Rhythmen» und die «Erkenntnis der inneren Bedeutung einer Tatsache» leisten. Den formal und inhaltlich «entscheidenden Augenblick» erreicht aber nur der unbeobachtete Beobachter. Cartier-Bresson führt in diesem Sinne aus: «Man muss sich also seinem Gegenstand, selbst wenn es sich um ein Stillleben handelt, höchst behutsam, auf Sammetpfötchen, aber mit Argusaugen nahen. ... Selbstverständlich keine Blitzaufnahmen ... Andernfalls wird der Fotograf zu einem unerträglich aggressiven Wesen. Sein Beruf hängt so sehr von dem Verhältnis ab, das er zwischen sich und den Leuten herstellt, dass ein einziges Wort alles verderben, alles zum Gefrieren bringen kann.» Die wichtigste «Allerweltsregel» lautet also: «sich selbst und die sowieso immer zu auffällige Kamera möglichst vergessen zu lassen».

Cartier-Bresson hat unzählige Länder auf allen Kontinenten bereist; ebenso vielfältig waren die Motive und Aufträge. Daran gemessen ist es schon erstaunlich, wie es dem Fotografen immer wieder gelingt, das «Leben zu überraschen», wie Aragon bereits 1936 mit einem Blick auf Cartier-Bresson sagte. Der Durchgang durch eine kleine Best-of-Liste von neun Aufnahmen des Fotografen, die in dem Überblickswerk *Photographie des 20. Jahrhunderts* zusammengestellt wurden, ergibt Folgendes: Die Serie beginnt mit der berühmten Aufnahme eines Picknicks an der Marne, eine an sich ruhige Szene, doch der im Vordergrund sitzende Mann gießt gerade Wein in ein Glas; es folgt das nicht minder berühmte Bild des Weinflaschen tragenden und energisch ausschreitenden Jungen, der auf die undeutlichen Reaktionen der Straße mit frechem Stolz antwortet, dann kommen tobende Kinder in Spanien, die aufgehende Sonne anbetende Frauen in Kaschmir, eine sich stoßende Menschenschlange vor einer Bank in Schanghai, ein Blick ins Atelier Giacomettis, in dem dieser gerade eine Skulptur wegträgt, die Innenaufnahme des Ateliers von Matisse mit dem Künstler und sehr lebendigen Tauben, die Seine-Insel in Paris in einer stillen, aber durch das transitorische Moment des Nebels beunruhigten Aufnahme und schließlich die unendlich oft reproduzierte Szene des Verhörs eines Gestapo-Informanten im Lager Dachau 1945, der von einer ehemaligen Gefangenen angegriffen wird (Cartier-Bresson war selbst in einem deutschen Lager gefangen und konnte erst beim dritten Versuch entkommen). In der Aufnahme (Abb. 22), die Cartier-Bresson 1961 in Alberto Giacomettis Atelier schoss, schaut niemand in Richtung Fotograf/Betrachter: Der Künstler und alle Skulpturen tendieren in diesem Raum zu einem unbestimmten Ziel rechts von uns. Giacometti ist umgeben, ja gerahmt von seinen Werken, er trägt sogar eines von ihnen, um es vielleicht an die richtige Stelle für eine Aufnahme zu versetzen. Aber der Fotograf hat sich längst seinen Reim auf den «organischen Rhythmus der Figuren» gemacht: Keines der Werke wird vollständig wiedergegeben, nur den Künstler gibt es ganz, aber dafür bewegungsunscharf. Es geht «ums Prinzip», das auf einer Ebene über der Aufgabe Künstler und Werk gesucht wird, es geht um Giacomettis «Kunstwollen», das in den «plastischen Rhythmen» von Bild links und Bildhauer in der Mitte Gestalt annimmt und die «innere Bedeutung» darstellt: Figuren in rissigen Konturen, mager, die weit ausschreiten, dafür kaum Arme haben – die Bewegung so gut wie eine «Vorahnung» der Kunst.

Drei Bildbände und die ‹Family of Man›

Es war dies eine höchst vitale und selbstbewusste Epoche der Fotografie. Lee Friedlander stellte 1950 fest, dass «85 Prozent der Geschichte der Fotografie unter den Lebenden waren». Das ist überheblich, und es stimmt: Der Großteil der im zweiten Kapitel behandelten Fotografen arbeitete nach 1945 weiter.

Die wichtigsten Etappen der Fotogeschichte der 40er und 50er Jahre lassen sich an einer Ausstellung und an drei Büchern, nicht Journalen festmachen. Der publizistische Höhepunkt der humanistischen Fotografie war die 1955 von Edward Steichen organisierte Weltausstellung der Fotografie *The Family of Man*, die im Wesentlichen aus gehobenen Pressefotos zusammengestellt wurde. Sie wurde im Museum of Modern Art konzipiert

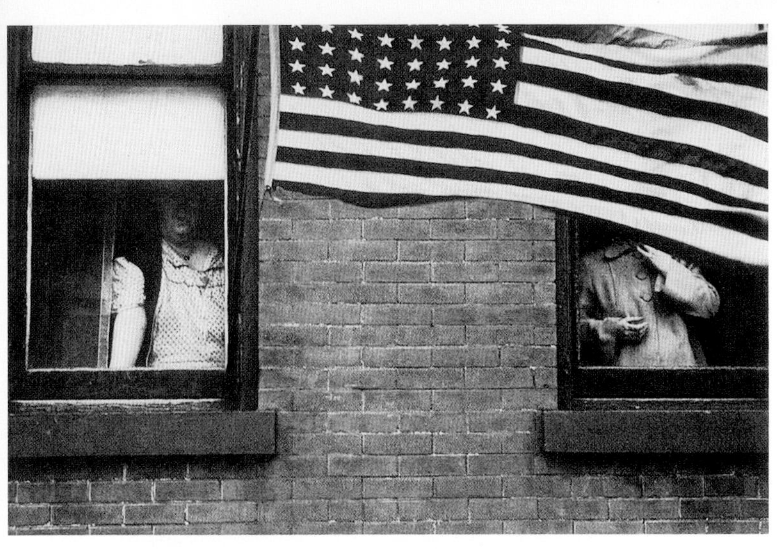

25 Robert Frank, Parade Hoboken, 1955/56

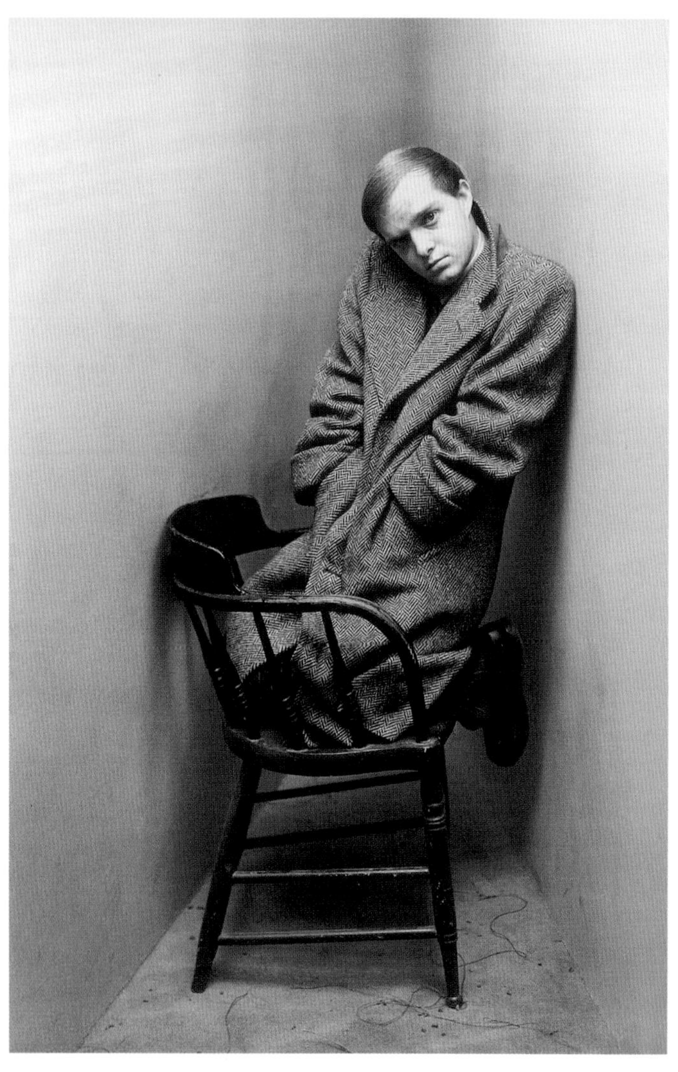

26 Irving Penn, Truman Capote, 1948

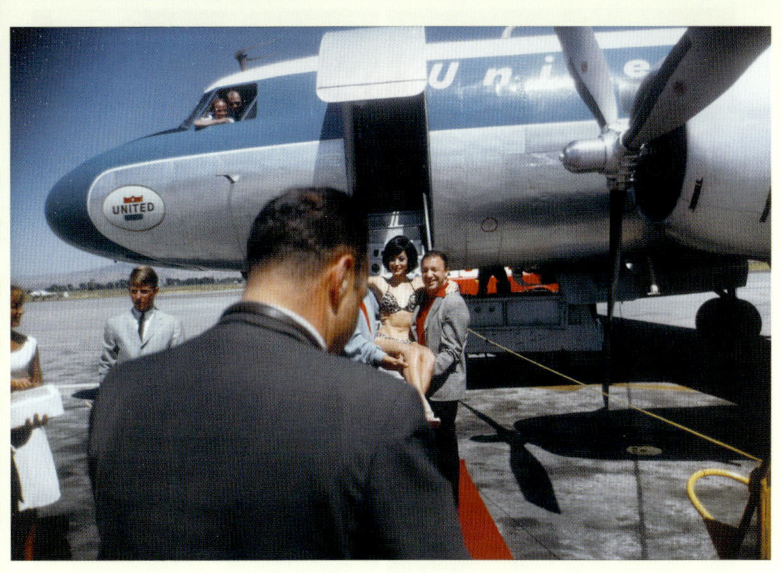

27 Garry Winogrand, Lake Tahoe, 1964

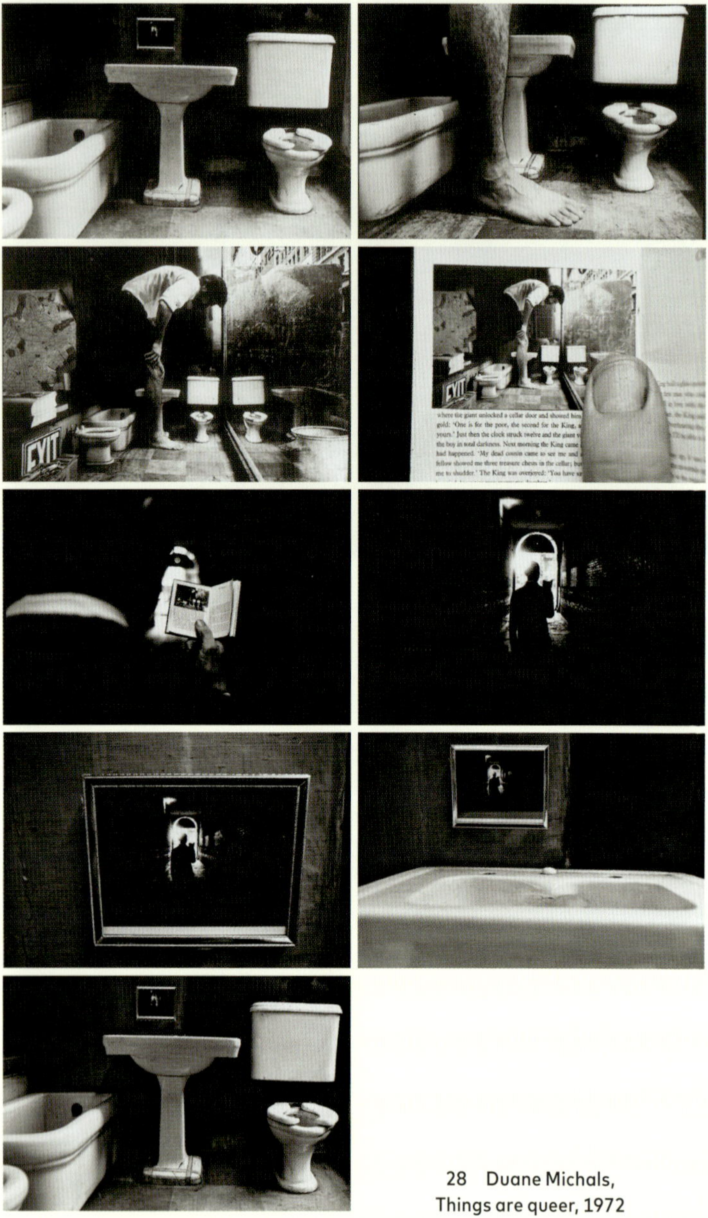

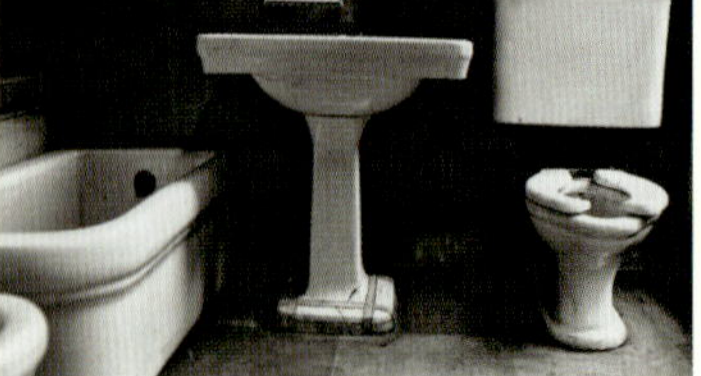

28 Duane Michals, Things are queer, 1972

und reiste fortan durch die halbe Welt. Der Katalog wurde drei Millionen Mal verkauft. Ihre ideologische Basis war die Kulturen übergreifende Verständlichkeit des Mediums, aus der eine interkulturelle Verständigung erwachsen sollte – ein Konsens auf der inhaltlichen Basis des Allgemeinmenschlichen von der Geburt bis zum Tod. Fotografie ist für Steichen ein «dynamischer Prozess, ... den Menschen dem Menschen zu erklären». Das Interesse an der Medialität und der bald sich durchsetzende Leitwert Kommunikation treibt die Fototheorie dieser Phase dazu, Fotografie auf breitester Basis als Sprache zu behandeln. Diese Tendenz reicht von 1945 bis ins Jahr 1980, als der vielleicht bekannteste Nachkriegstext über Fotografie erscheint: Roland Barthes' *La chambre claire* (*Die helle Kammer*). Barthes hatte vorher Werbe- und Illustriertenbilder semiotisch, also vor allem aus der Perspektive ihres Codes und ihrer kommunikativen Funktionsweisen, angesprochen. In seinem letzten Buch beschäftigte er sich mit dem, was Fotografien ohne Code und jenseits der Codes mitteilen können, es handelt von einer einzigen Fotografie: einem Bild seiner Mutter als Kind.

Es wäre zu viel verlangt, die große Fülle anspruchsvoller Magazine mit Fotoessays und Fotoreportagen auch nur aufzuzählen, geschweige denn zu würdigen. Aber die wichtigsten Etappen der Fotogeschichte der 50er Jahre lassen sich an drei Büchern festmachen, und das sind Cartier-Bressons *The Decisive Moment* von 1952, sowie *Life is Good and Good for You in New York* von William Klein (1956) und *The Americans* von Robert Frank (1958). In allen drei Fällen war dies die erste Buchpublikation ihrer Autoren; sie trafen auch die Auswahl selbst, und darüber hinaus erarbeitete William Klein mit großem Einsatz das Layout seines Buches. Diese drei Bildbände hatten eine nachhaltige Wirkung auf die Fotoszene, die bis zum Ende der 60er Jahre anhielt. Am stärksten war der Einfluss vielleicht auf die Urheber selbst: Klein und Cartier-Bresson machten neben intensiver Pressefotografie weitere Bücher, Klein und Frank wechselten zum Medium des Films. Das übrigens von der Zeitschrift *Vogue* finanzierte New-York-Buch Kleins (Jahrgang 1928) hatte eine Art Motto, das neben dem Namen des Autors stand und lautete: «William Klein – Trance Witness Reveals» (William Klein, ein Zeuge in Trance enthüllt). New York sieht Klein als eine Art Psychodrama, das Dargestellte und Darsteller gleichermaßen in Hypnose und Rausch versetzt. Wie kein Fotograf vor ihm hält Klein die Kamera direkt und extrem nahe in das Leben hinein. Wenn er sich nachher wunderte, auf wie vielen Aufnahmen seiner Auswahl Handfeuerwaffen zu sehen sind, dann hat er mit der Kamera unbewusst auf das analoge Werkzeug gezielt. Das Foto mit den beiden Jungen (Abb. 29), von denen einer eine Pistole direkt auf den Betrachter richtet und der andere von der Seite zuschaut, empfand Klein als «Selbstporträt»: «Auf der einen Seite konnte ich mit der Pistole spielen. Auf der anderen Seite konnte ich der engelhaft aussehende Junge sein, der seinen Kopf bewahrt.» Klein lässt sich also nicht konstant auf Cartier-Bressons Methode der «Sammetpfötchen» ein und besetzt die Rolle des «unerträglich aggressiven» Fotografen mit großer Lust – eine Methode, die auch das Buch noch vermitteln kann, ist sein Layout doch durch harte Schnitte und starke Kontraste bestimmt.

Robert Frank (Jahrgang 1924) ist nicht mehr für seine Fotokampagnen bekannt, die er für eine Vielzahl von Illustrierten unternahm, sondern für sein Amerika-Projekt, das er 1955/56 mithilfe eines Guggenheim-Stipendiums verwirklichte. Er durchreiste die Staaten und machte etwa 28 000 Aufnahmen, von denen er 83 für seinen Bildband auswählte, der zuerst 1958 in Frankreich, ein Jahr später in den USA und daraufhin immer wieder neu aufgelegt wurde. Hatte Klein schon Schwierigkeiten, New York in wenigstens ein paar repräsentativen Ansichten abzubilden, kommt bei Frank erst recht kein substanzielles «Amerikabild» zustande. Dabei rückte er «Americana» durchaus ins Bild und bedient die US-Ikonographie der Automobile, Fahnen, Diners, Tankstellen, Jukeboxes, aber was aus den Zeichen wird, das zeigt am besten die berühmte Aufnahme «Parade Hoboken» (Abb. 25), mit der die Sequenz beginnt.

Die Stars and Stripes schneiden quer durchs Bild, beschnitten und beschneidend. Es ist offenbar ein patriotisches Ereignis, das sie herausgebracht hat, vielleicht ein Umzug aus Anlass des Natio-

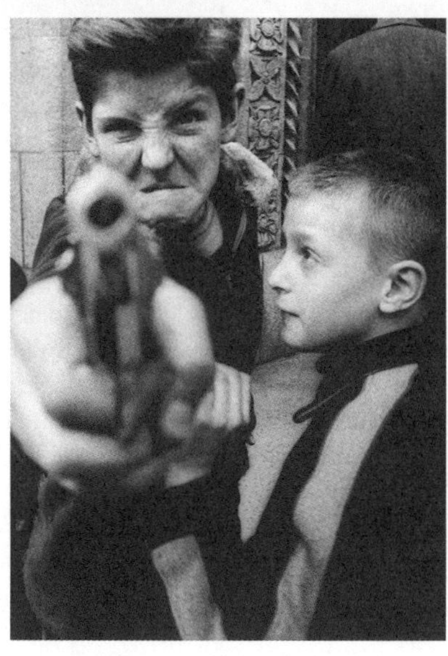

29 William Klein, Broadway and 103rd Street, 1955

nalfeiertags, aber zu sehen bekommt man von der Parade nichts. Was wir sehen, sind zwei invertierte Bilder im Bild: zwei nebeneinanderliegende Fensteröffnungen, im rechten verdeckt die Fahne das Gesicht der Frau, die eigentlich herausschauen möchte und daran vom Zeichenträger gehindert wird und vielleicht aus diesem Grund Ausgehkleidung anhat. Im linken Fenster erscheint eine Frau in häuslicher Bekleidung, die ungehindert herausschaut, ohne dass wir unter dem herunterfallenden Schatten ihre Augen sehen könnten. Wir partizipieren nicht wirklich am festlichen Event, aber dafür sehen wir auch nicht die Blicke derer, welche die Parade sehen (könnten). Während Klein sich die Aufgabe stellte, die Hyperaktivität New Yorks in seine Bilder zu zwingen, notierte Frank die USA in lauter brüchigen Zuständen, als eine Landschaft voll von «alienation, angst and loneliness» (Jack Kerouac). Sein Stil ist kunstlos, nimmt Unschärfen und stürzende Linien gewissermaßen kommentarlos in Kauf; man hat den Eindruck, dass ihn der Modus der Durchreise zu lauter nicht-substanziellen Bildern zwingt. Er nimmt vorweg, was ein Jahrzehnt später Schnappschuss-Ästhetik heißen wird. Und so entsteht das traurigste Bild der USA, das man sich vorstellen kann. Jack Kerouac, die erste Wahl für den Autor des Vorworts, schrieb: «Nachdem man diese Bilder gesehen hat, weiß man zum Schluß nicht, was trauriger ist: eine Jukebox oder ein Sarg.»

Auch Frank fotografiert Momente, nicht entscheidende, sondern höchst vergängliche, undankbare und deswegen oft absurde. Ugo Mulas, welcher der gleichen Generation wie Frank und Klein angehörte, schrieb einmal: «Von Frank und Friedlander lernte ich, dass man zuerst ein Konzept des Lebens und der Realität für sich selbst erarbeiten muss. Auf dieser Grundlage kann man sich verhältnismäßig leicht im Reich der Fotografie bewegen, ohne dass man ständig gezwungen wäre, zu betonen, zu übertreiben und nach sensationellen Bildern zu jagen. Es ist ja eigentlich so, dass man nach der Ausnahme sucht, wenn man mit der Realität nicht fertig wird.» Nicht unerwähnt bleiben darf, dass Frank anders als die Generation Cartier-Bresson unter anderem enormen Wert auf die durchkomponierte Abfolge in seinem Buch gelegt hat: «Die Tafeln folgen aufeinander in einer Art von proteischem Prozess, in dem das zufällige Detail eines Bildes – ein Blick, eine Geste, eine Halterung an der Wand, ein auffälliger Licht- oder Schattenwurf – in den nächsten Bildern wieder auftaucht, irgendwie abgewandelt.» (Colin Westerbeck)

Subjektive Fotografie

Die Fotografie der Nachkriegszeit ist also zunächst einmal im öffentlichen Raum entstanden und an Öffentlichkeit adressiert. Daneben gibt es eine zweite, nicht so starke Richtung, die als «Subjektive Fotografie» in der Bundesrepublik formierte, aber auch ohne ein so markantes Label ähnlich in anderen Ländern des Westens verbreitet war. Der Hauptvertreter dieser Richtung in den USA, Minor White, schrieb 1950 über die Kamera: «Sie dient dem subjektiven Künstler als ein Medium des Selbstausdrucks, so tief und weit, als er nur der Öffnung seines Selbst fähig ist. Wie geht das vor sich? Ganz einfach. Indem man den Gegenstand von seinen Bedeutungen befreit und indem man dann durch die Lektüre der schieren Formgefüge die Wege des Unterbewußten so sicher aufspürt, wie das beim automatischen Schreiben geschieht.» Das Fotografieren als Ego-Trip war freilich den deutschen Fotokünstlern mehr als fremd. Stark verkürzend könnte man sagen, dass sie mit der «Subjektiven Fotografie» beim Akt der Formbefreiung auch ein historisches Erbe, eine unterdrückte Geschichte der Fotografie durcharbeiteten: das Neue Sehen, die Neue Sachlichkeit, die es nach 1945 erst wieder zu erinnern galt; *subjektive fotografie* war der Titel einer Ausstellung, die 1951 in Saarbrücken veranstaltet wurde und Werke der 1949 gegründeten Gruppe «Fotoform» präsentierte. Ab da trat die Bezeichnung «Subjektive Fotografie» in den Vordergrund, «Fotoform» bestand bis 1958. Spiritus Rector dieser Unternehmungen war Otto Steinert (1915–1978), weitere Mitstreiter waren Peter Keetman, Toni Schneiders, Siegfried Lauterwasser, Heinz Hajek-Halke. Die Gruppe favorisierte das «persönliche Gestaltungsmoment», was das auch immer heißen mochte, auf jeden Fall galten Technik und Abbildcharakter der Fotografie als negative Werte. Steiner sprach auch gerne von «absoluter Fotografie», was nun etwas ganz anderes meint als «subjektive Fotografie». Im Anschluss an die Vorkriegszeit wurde experimentiert: «Kontrastreiche Abzüge, radikale Ausschnitte, abstrakte Strukturen, surreal wirkende Situationen, Negativabzüge oder Solarisationen wurden zu den beliebtesten Ausdrucksformen von Steinert und seinen Schülern.» (Marianne Bieger-Thielemann) Einer der typischen Eingriffe der Stilrichtung war die Entmaterialisierung des Bildganzen oder einzelner Objekte. Am berühmtesten wurde Steinerts *Ein-Fuß-Gänger*, eine Pariser Aufnahme des Jahres 1950, geschossen aus der steilen Vogelperspektive der Neuen Fotografie, aber divergierend in der verwischten Wiedergabe des Fußgängers, von dem nur *ein* Fuß sich scharf abbildet. Wir wählen eine andere Fotografie aus demselben Jahr, die ebenfalls in Paris entstand. Es geht auch hier um den Kontrast der Strukturen. Denn so wie das vage Bildelement Fußgänger in dem anderen Bild durch eine

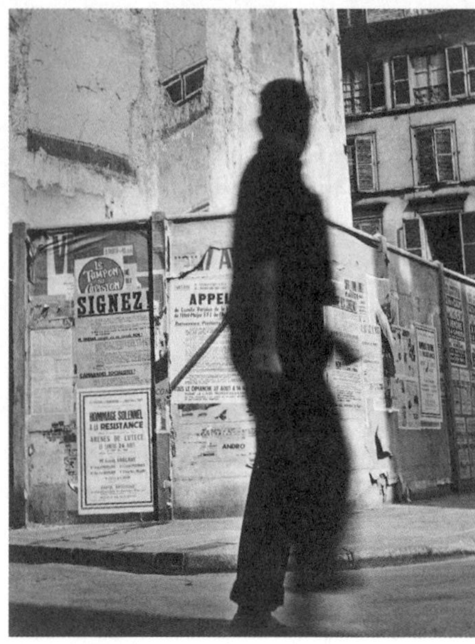

30 Otto Steinert, Appell, 1950

scharfe Wiedergabe von Pflaster, Baum und eisernem Baumring konterkariert wurde, so ist in *Appell* (Abb. 30) die städtische Umwelt, die Dingwelt, präzise wiedergegeben, während die Figur im Vordergrund bewegungsunscharf erscheint. Sie überschneidet die dicht beklebte Plakatwand, zeigt aber trotz aller geisterhaften Entmaterialisierung, dass sie mit Aufmerksamkeit begabt ist. Im Voranschreiten wendet sie sich zu den Anschlägen um und kann mit uns denjenigen in der Mitte lesen, der mit «Appel» überschrieben ist. Im wörtlichen und übertragenen Sinne ist das auch «Streetphotography», so wie wir sie beschrieben haben: ein «entscheidender Moment», kein «Vertrag» mit den Dargestellten, ein «Bilddiebstahl». Der Unterschied liegt in der angeführten Entmaterialisierung der menschlichen Figur, die sich der Realismus der anderen nicht geleistet hätte. Eine Ausnahme wäre Cartier-Bresson und sein Giacometti-Porträt (Abb. 22), das ebenfalls den Bewegungseffekt zur Kontrastierung der Schärfegrade einsetzt. Aber Cartier-Bresson war, wie wir gezeigt haben, auch am Zusammenklang zwischen den Bildinhalten interessiert, am «organischen Rhythmus der Figuren». Das wird man bei Steinert nicht finden. Bei aller Dramatik, die das Bild hat, ist es doch auch eine Komposition von gegensätzlichen Abstrakta: dunkel-hell, Nähe-Tiefe, scharf-unscharf, Statik-Bewegung usw. Und aller Abstraktheit zum Trotz oder gerade ihretwegen ist es ein Beitrag zu jenem Thema, das die Epoche wie kein anderes bewegt: Kommunikation.

Beherrschte Augenblicke: Irving Penn und Richard Avedon

Zurück zu den großen Zeitschriftenfotografen, zur Life-Photography, die nicht nach der Zeitschrift heißt, aber heißen könnte. Zurück in die USA, in die sich nach 1945 die publizistischen und gestalterischen Aktivitäten auf dem Gebiet der Fotografie verlagern. Irving Penn (1917–2009) ist der prototypische Vertreter der Einheit von kommerzieller und freier Fotografie. Wobei die großen Zeitschriften wie *Vogue*, *Harper's Bazaar* und *Life* nicht nur als Auftraggeber, sondern geradezu als Mäzene ihrer besten Fotografen auftraten. Das hieß im Falle Penns nicht unbedingt, dass die freien Arbeiten irgendwann den Weg zurück in die Journale fanden. Penn hat als veritables Gegengewicht zu der Arbeit mit dünnen, ätherischen Models eine Zeit lang großartige Aktaufnahmen von «realen Frauen» gemacht, die er erst in den 80er Jahren, 40 Jahre nach ihrer Entstehung, freigab und die eine große Sensation darstellten.

Penn war ein strenger Fotograf, der seine Modelle bestimmten formalen Vorstellungen und Settings unterwarf. Er war aber auch gegen sich und sein Medium streng, indem er, soweit es ging, auf Ausstattung und Attribut verzichtete. Dies ist kurios, weil das erste Cover, das er für die Zeitschrift *Vogue* machte (das erste von über 150), ein klassisches Stillleben aus den Accessoires des Modeherbstes 1943 war und er danach noch sehr viele weitere Stillleben arrangiert und aufgenommen hat. Aber das war ein eigenes Genre, das sich von den anderen, die er beherrschte, Mode, Porträt und Akt, durch die Farbe abgrenzte.

Auf den Porträts, die Penn meist in eigenem Auftrag anfertigte, herrschten eine Kahlheit und Leere, die an Laborbedingungen denken lassen. Hunderte von Modellen hat er vor grauen oder weißen Rückwänden aus Stoff und Papier oder in der leergeräumten Nicht-Atmosphäre seines Studios aufgenommen. Dabei macht er keinen Unterschied zwischen berühmten und unberühmten Personen. Penn ist ein demokratischer Fotograf. Wer vor ihm erscheint, darf nur sein Inneres und sein Äußeres mitbringen.

Eine besondere Herausforderung für seine Modelle und ihn bestand in dem spitz zulaufenden Winkel, in dem eine Reihe von Celebrities nach 1947 posieren mussten – das sind die «Portraits in a Corner». Mit ihnen setzt die Porträtgalerie im konzeptionellen Rahmen ein, eine Methode, die bis heute weiterwirkt: Berühmt wurde Philippe Halsman mit seinen *Jump-Pictures* von 1959, in denen berühmte Zeitgenossen auf dem Höhepunkt eines Sprunges fixiert werden; der große deutsche Fotograf Stefan Moses hat seine Modelle im Wald oder vor einem Rücklaken à la Penn aufgenommen, und im Jahr 2010 erschien ein Bildband von Lee Friedlander, einem Fotografen, zu dem wir noch kommen, der eine Reise durch die USA dokumentiert, bei welcher der Fotograf seine Leihwagen nicht verließ, sondern immer nur durchs Fenster fotografierte. Konzeptionelle Fotokunst ist Fotografie unter Auflagen – diese wurden im Lauf der Jahre immer kurioser und absurder. Uns erreicht der Hinweis auf die Ausstellung zum Thema Mann und Liebe einer Fotografin, die sich neben ihre Modelle stellt und ein Hochzeitskleid anhat. Man kann das endlos fortsetzen. Robert Gernhardt hat die Figur des konzeptionellen Fotografen schon vor vielen Jahren in seinem Theaterstück *Toskana-Therapie* karikiert – dieser fertigt nur eine Aufnahme an, wenn er vorher im Vordergrund einen Zementsack platziert hat.

Zurück zu den «Corner Portraits» von Penn. Man müsste sie in einer langen Reihe an die Wand heften, um wie ein Arzt die Aufnahmen auf ihre Befunde hin zu studieren. Es ist erstaunlich, wie berühmte Menschen, die eigentlich den Kontakt mit Fotografen gewohnt sind, auf diese Versuchsanordnung reagieren. Penn selbst hat später gesagt: «Diese Einengung schien überraschenderweise den Menschen zu gefallen. Sie beruhigte sie. Die Wände waren eine Fläche, an die man sich lehnen oder gegen die man stoßen konnte.» Nun, Georgia O'Keeffe wollte, dass Penn ihr Porträt zerstörte. Zufriedener war wohl Truman Capote, den Penn wiederholt ablichtete (Abb. 26). Capote baut sich quer zum spitzen Winkel auf, sitzt wenig zeremoniell in einem Stuhl, trägt einen übergroßen Mantel und schaut den Betrachter an. Der Überwurf, der keine Glieder erkennen lässt, macht, dass Capote wie ein Krüppel dahockt, zu behindert, um in diesem engen Raum auszugreifen. Kein Wunder, dass der Gesichtsausdruck etwas leicht Zurückgebliebenes, zugleich aber auch Anklagendes hat. Penn hat einmal eine Sammlung seiner Fotografien unter dem Titel *Worlds in a Small Room* veröffentlicht. Diese Aufnahme gibt ein kleines Drama im Zimmertheater wieder, mit einem Hauptdarsteller, der die zugeschriebene Rolle erfüllt und gleichzeitig kommentiert. Es ist erlaubt, an Brechts Theater der Verfremdung zu denken.

Ein ganz ähnlicher Fall ist der zweite große Modefotograf der Nachkriegsepoche, Richard Avedon (1923–2004). Er arbeitete seit 1944 für *Harper's Bazaar* und hat danach 60 Jahre lang die bedeutendsten Modejournale und Illustrierten beliefert. Gleichzeitig fotografierte er Prominente, Wanderarbeiter, Zirkuspersonal, Vietnam-Kriegsopfer, seinen sterbenden Vater. Aus diesen selbstgestellten Aufgaben wurden Bildbände. Während Penn auf Statik und Reduktion setzt, kann Avedon von Bewegung und Ambiente gar nicht genug haben. Eines seiner Markenzeichen ist deswegen der «Avedon Blur», eine gewisse Bewegungsunschärfe, die er zuließ, wenn er auch sonst mit den schnellsten Kameras arbeitete. Avedon hat ganz viel draußen gearbeitet und das Atelier gemieden. Vielleicht nicht im Porträt, aber in den meisten anderen Genres, die er ausprobierte, ist er wie ein Reporter vorgegangen, das aber hieß, dass er seine Sujets erst einmal in die Bewegung versetzte, die nach einem «action shot» verlangt. Während Penn seine Modelle zu einer charakteristischen Haltung herausforderte, animierte Avedon sie: Die Models erhob er zu Individuen, die Kleiderständer zu agilen

Menschen, die Situation zum Handlungsmoment. Noch einmal zitieren wir Cartier-Bresson: «Unser Medium ist die Bewegung, eine Art Vorahnung des Lebens.»

Es gab allerdings auch eine Straßenfotografin, die zu Lebzeiten keine einzige Aufnahme in Zeitschriften veröffentlicht und gleichwohl geschätzte 100 000 von ihnen angefertigt hatte: Das war die inzwischen wiederentdeckte berühmte Vivian Mayer, ein Kindermädchen und eine der unbestechlichsten Chronistinnen des Straßenlebens von Chicago und New York.

Soziale Landschaften: Garry Winogrand und Lee Friedlander

Die Kunst der Momentfotografie arbeitet immer wieder mit denselben Grundelementen. Jonathan Green nennt sie »multiple Aktionen, Gesten und Beziehungen», Beziehungen, die in Verhältnissen der Analogie oder der Kontradiktion, im witzigen, ironischen oder schlicht didaktischen Modus zusammengesehen werden – man denke noch einmal daran, wie bei Cartier-Bresson Mensch und Skulptur im selben Takt agieren (Abb. 22). Bei Jonathan Green heißt es: «Eine relativ simple visuelle Gegebenheit – ein Blick, ein Hinschauen, eine animierte Geste – spielt auf eine andere und noch eine andere an, unglaublich intrikate, aber geordnete Strukturen aufbauend.» Was in der Folgezeit hinzukommt, bei Cartier-Bresson aber noch undenkbar gewesen wäre, ist das Moment der Inklusion, der Einbeziehung des Fotografen bzw. des Aktes der Fotografie. Garry Winogrand (1928–1984) und Lee Friedlander (Jahrgang 1934) sind zwei Fotografen, die zur selben Zeit das Genre der Straßenfotografie in der Nachfolge von Klein und Frank weitergeführt haben – die Abbildung der «sozialen Landschaften» Amerikas nannte Friedlander das. In ihrem Werk gibt es eine Unzahl von Bildern mit Spiegelungen und Projektionen, mit Bildern im Bild, und ganz oft ist der Fotograf anwesend, der seine Gegenwart meist auf indirekte Weise geltend macht. Als Schatten und Beschatter tritt er in einem berühmten Foto von Friedlander von 1966 auf, in dem sein Schattenbild auf eine kuriose Weise mit der rückseitigen Ansicht

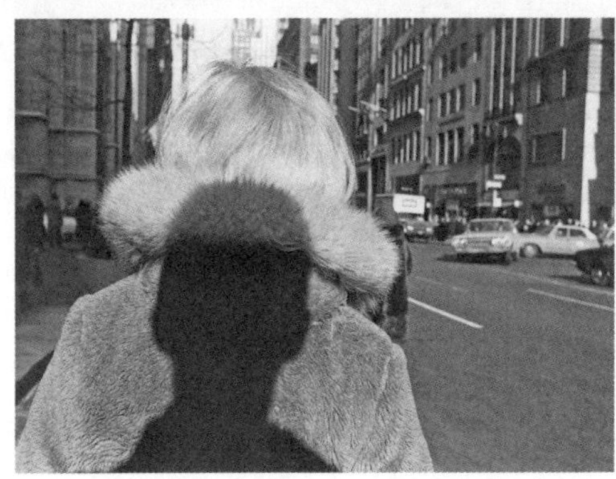

31 Lee Friedlander, New York City, 1966

der vor ihm gehenden Frau zusammenwächst (Abb. 31). Streetphotography mit Einschluss des Fotografen ist ebenfalls das Konzept von Winogrand. In dem Bild (Abb. 27), das wir aus seiner Serie über die «soziale Landschaft» der Flughäfen ausgesucht haben, hat der Fotograf seine Rolle an den Fotografen im Bild übertragen, der als klassische Rückenfigur und als Urheber des Bildes im Bild eingeführt wird. Photo-op heißt im Amerikanischen das Motiv: Es darf fotografiert werden, fast alle im Bild posieren dafür, das Modell, die übrigen Beteiligten, die Zuschauer. Robert Frank hatte Amerika fotografiert, Friedlander und Winogrand fotografieren das fotografierte Amerika. Insbesondere Winogrand bleibt nahe an dem Referenzmedium einer durchschnittlichen, lokalen Fotoberichterstattung und tut nur wenig, um diese zu verlassen. Im Grunde tendiert er zur Unterbietung, seine «quick takes» haben vielleicht doch nicht den Nachrichtenwert, den die Presse verlangt. Cartier-Bressons Bilder erscheinen im Abstand immer als zu gut, um in einem journalistischen Kontext verbraucht worden zu sein, Winogrands Bilder immer als zu «schlecht». Beide, Winogrand und Friedlander, gehen auf die nächste Phase in der Geschichte der Fotografie zu: Sie reflektieren ihr Medium. Winogrand hat gesagt (und Friedlander hätte es sagen können): «Ich fotografiere, um herauszufinden, wie etwas aussieht, wenn es fotografiert wurde.»

Das amerikanische Groteske: Diane Arbus

Mit Diane Arbus (1923–1971) kehrt die Statik in die dokumentarische Fotografie zurück. Sie suchte nicht den «entscheidenden Moment» und ging mit fast allen ihrer Modelle den berühmten «Vertrag» ein: Diese wussten, dass sie fotografiert wurden, und konnten sich selbst für die Kamera darstellen – dazu ließ ihnen die Fotografin Zeit. Sie baute zu ihnen ein Verhältnis auf und holte sie oft nach Jahren erneut vor die Kamera. Diese «Nachhaltigkeit» im Umgang mit den anderen ist aber nur ein Merkmal, das Arbus von ihren Zeitgenossen abhebt, mit denen sie 1967 in der Show «New Documents» des Museum of Modern Art zusammen ausstellte – u. a. Lee Friedlander und Garry Winogrand waren mit von der Partie. Das war im Übrigen die erste prominente Ausstellung vor Arbus' Freitod fünf Jahre später – viele weitere sollten posthum folgen. Mit Diane Arbus kehrt auch das inhaltliche Konzept in die Fotografie zurück. Also nicht künstlich hergestellte Bedingungen wie z. B. bei Penn, sondern ein quasi anthropologischer, ikonographischer Selbstauftrag: eine groteske Comédie humaine, ein Bildarchiv der Außenseiter, kurz: Freaks. Arbus hat Perverse, Kleinwüchsige, Riesen, Transvestiten, Nudisten, geistig und körperlich Behinderte, Prostituierte und Tätowierte, aber auch Kleinbürger und Reiche «gesammelt», die in der Starrheit ihres Klassenbewusstseins nicht weniger extrem wirken als ihre Outcasts. «Ich glaube in der Tat, dass es Dinge gibt, die niemand sehen würde, wenn ich sie nicht fotografierte», hat sie einmal gesagt. Das hat man oft als Voyeurismus oder als Bedienung des Voyeurismus kritisiert, Arbus ihrerseits, der extreme Bedürfnisse nicht fremd waren, sah die Freaks als «Aristokraten» des Lebens: «Die meisten Menschen gehen durchs Leben mit der Befürchtung, dass sie eine traumatische Erfahrung haben werden. Die Freaks wurden mit ihrem Trauma geboren. Sie haben ihren Lebenstest bereits bestanden. Sie sind Aristokraten.» Überhaupt die Selbstaussagen, die Kernsprüche der Diane Arbus – man ist versucht, sie so wichtig zu nehmen wie die Bilder. «Meine Lieblingsbeschäftigung ist es, dorthin zu gehen, wo ich

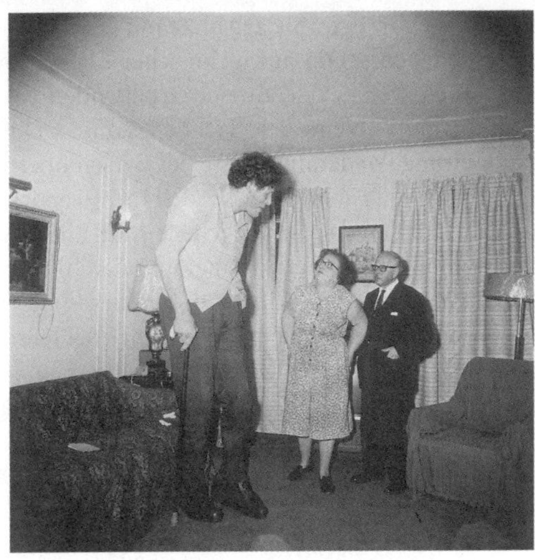

32 Diane Arbus, Eddie Carmel, «The Jewish Giant», und seine Eltern, 1970

noch nie war.» Oder: «Ich bin unbeholfen, wenn ich arbeite. Das heißt, dass ich es nicht mag, die Dinge zu arrangieren. Wenn ich vor etwas stehe, arrangiere ich mich selbst, anstatt es zu arrangieren.» Oder: «Eine Fotografie ist ein Geheimnis über ein Geheimnis. Je mehr sie dir erzählt, desto weniger weißt du.»

Arbus war wie ihre Kollegen von Aufträgen der Illustrierten abhängig. Sie arbeitete seit 1946, erst mit ihrem Mann, dann selbstständig, für viele berühmte Journale und wurde auch dann weiter gestützt, als sie sich Ende der 50er Jahre auf ihre eigenen Themen konzentrierte. Zumindest einige Art Directors hielten ihr die Stange, interessanterweise vor allem Engländer, die Spezialisten für Exzentrik. Als sie ein Guggenheim-Stipendium erhielt, gab sie ein interessantes Forschungsprojekt an: «Amerikanische Riten, Sitten und Gebräuche». «Ich möchte sie ganz einfach bewahren, denn das, was zeremoniös und kuriös und trivial ist, wird eines Tages legendär sein.» Nicht aus der Arbeit am Projekt «Riten des Alltags», sondern aus der «Freakshow» stammt die Aufnahme des «jüdischen Riesen» Eddie Carmel und seiner Eltern aus dem Jahr 1970 (Abb. 32). Es sei zunächst auf die Tatsache hin abgelenkt, dass die Fotografin das quadratische

Format bevorzugte. Sie arbeitete mit einer 6 x 6-Kamera und unterschied sich schon auf technischer Ebene von ihren schneller, aber auch weniger detailreich arbeitenden Kollegen. Das Quadrat hat etwas Neutrales, Sachliches, und so kommt es hier auch zur Geltung, weder die Größe des Riesen übertreibend (Querformat) noch sich ihm anpassend (Hochformat). Das Quadrat ist gewissermaßen das ausgeglichene Maß aller Dinge, genauso wie das Wohnzimmer und die Familie der Inbegriff normalen Zusammenlebens sind. Wird es durch dieses menschliche Übermaß gesprengt, können die Eltern in ihrem Heim nur noch als erstaunte Zuschauer auftreten. «Fotografien, die Bewunderung verdienen, haben die Kraft aufzuschrecken», sagte Arbus einmal.

Kunst mit Fotografie: 1970/80 bis zur Gegenwart

Von der Kunstfotografie zur Kunst mit Fotografie

Im Jahr 1969 wurde Edward Steichen 90 Jahre alt. Er hatte seine Karriere als Fotograf des Piktorialismus begonnen, hatte sich mit Pinsel und Palette selbst abgebildet, war dann neusachlich geworden, ein Bilderlieferant der großen Journale, hatte im Zweiten Weltkrieg für die Luftbildaufklärung bahnbrechende Arbeit geleistet und sich nach 1945 als Organisator von mehr als 60 Ausstellungen weltweit publizistisch für die Fotografie eingesetzt. An seinem hohen Geburtstag schrieb er im Grunde dasselbe, was er schon dem Katalog der *Family of Man* vorausgeschickt hatte: «Als ich mich der Fotografie widmete, war es mein Wunsch, sie als Kunst anerkannt zu sehen. Heute würde ich für dieses Ziel keinen Pfifferling geben. Die Aufgabe der Fotografie ist es, den Menschen dem Menschen zu erklären und ihm zur Selbsterkenntnis zu verhelfen.»

Steichen starb 1973, und wie es so oft mit letzten Worten geht, sie wurden im Moment der Äußerung überholt und widerlegt. Er bekam selbst noch das Ereignis mit, das Colin Westerbeck zufolge das Ende einer großen Phase der Fotogeschichte markierte: Am 29. Dezember 1972 erschien die letzte Ausgabe der Wochenzeitschrift *Life*. «*Life* scheiterte als Nachrichtenmagazin, weil das Fernsehen der Fotografie und der Presse als primärem Informationsmedium den Rang abgelaufen hatte. ... Wenn nun ein Medium nicht mehr essentiell die kulturelle Quelle der Informationen ist, verwandelt es sich in eine Kunstform. Es ist mehr als eine Koinzidenz, daß der Abstieg der Fotografie als Massenmedium vom Aufstieg der Fotogalerien, Veranstaltungen zur Geschichte der Fotografie, Kunsthochschulstudiengängen und hohen Versteigerungspreisen für Vintage Prints begleitet wurde.» Die Fotografie wurde als Kunst anerkannt, auf eine unprogrammatische, geradezu selbstverständliche Weise, die es machte, dass nicht die Antwort, sondern die Frage: Ist Fotografie Kunst? «keinen Pfifferling» mehr wert war.

In unserem Zeitraum finden wir eine große Anzahl von Künstlern, die Fotografie als «Gelegenheitsmedium» benutzen, also keine Fotografen und Fotografinnen aus Überzeugung und Schulung sind. «Ich hatte nur beschränkte technische Fähigkeiten, was die Arbeit mit der Kamera anbelangt. Tatsächlich hatte ich überhaupt keine Fähigkeiten. Ich bediente mich eines billigen Fotolabors, um die Fotos zu vergrößern. Ich ließ Zweierauflagen machen. Ich betrat niemals eine Dunkelkammer.» Richard Prince, der dies von sich sagt, ist immerhin der Künstler, der auf einer Auktion den höchsten Preis für eine Einzelaufnahme erzielte: 3,4 Millionen Dollar. Der Generation von Richard Prince (Jahrgang 1949) gehen die Konzeptkünstler voraus, die neben anderen Kunstformen auch Fotografie einsetzten. Das kann dann eine so wechselvolle Medienkarriere bedeuten wie die von Urs Lüthi (Jahrgang 1939), der als Maler anfing, in den 70er Jahren zur Fotografie wechselte, in den 80er Jahren zur Malerei zurückkehrte und heute als Performancekünstler, Plastiker, Maler, Graphiker tätig ist. Ähnlich flexible und wechselvolle Karrieren legten so bekannte Fotokünstler wie Hans Peter Feldmann (Jahrgang 1941), Ed Ruscha (Jahrgang 1937) oder John Baldessari (Jahrgang 1931) zurück. Der Letztgenannte ließ sein vorfotografisches Œuvre in einem Bestattungsunternehmen verbrennen und stellte die Reste in einer Urne aus. Die konzeptionelle Fotografie basierte im Grunde auf der Pop-Strategie, Alltägliches und Banales wie 26 Tankstellen oder die Kleider einer Frau mehr oder minder kunstlos aufzunehmen und im traditionell kleinen Format und in Schwarz-Weiß zu publizieren.

Text und Bild, Image Recycling, Serialität, große Formate, Farbe: fünf Merkmale zeitgenössischer Fotokunst

Mit den verschiedenen Herkünften hängt sicher auch zusammen, dass diese Künstler selten «reine» Fotografien erstellten. Sie machten Bücher, Mappen, Leporellos und arbeiteten mit «entwendeten» Aufnahmen aus dem großen Bilderfundus. Sie arbeiteten intermedial, vor allem mit Text und Bild. Dem bis dahin geltenden ungeschriebenen fotografischen Ehrenkodex widersprach die letzte Option total: Selbst wenn die Veröffentlichungen der Bilder noch so gespickt waren mit Text und Kontext, taten die Fotografen bis dahin so, als müsste ihr Bild alles selbst leisten – «No caption needed», lautete das Ideal (eine große Ausnahme bildete freilich die sogenannte Typofotografie der Zwanziger Jahre). Bildtexte sind neben der Einbeziehung des Archivs der allgemeinen Fotografie ein signifikantes Merkmal dieser Phase der Fotografiegeschichte. Was nicht heißt, dass alle bedeutenden Fotokünstler mit dem Medium Text operieren. Aber fast alle stellen ihre Bilder in Serien zusammen. In den meisten Fällen bestehen diese Serien aus einer begrenzten, aber theoretisch unbegrenzbaren Reihe von Bildern, die durch eine gedankliche, lineare Struktur zusammengehalten werden. Manchmal werden sie auch zu Blöcken von 3 x 6 oder 4 x 8 Einheiten kombiniert. Sehen wir von den «Fotostrips» von Duane Michals ab, so haben die Serien keine ausgewiesene Richtung, sondern können tendenziell immer wieder neu arrangiert werden. Sie vertreten so das eminent moderne Prinzip der Kontiguität: Mögliche, aber nicht notwendige Reihen finden sich zusammen. Anders als in der seriellen Kunst gibt es keine Bildregeln,

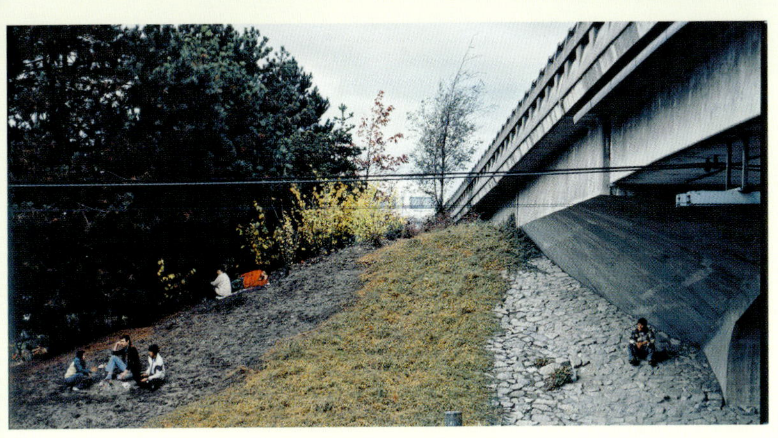

33 Jeff Wall, The Storyteller, 1984

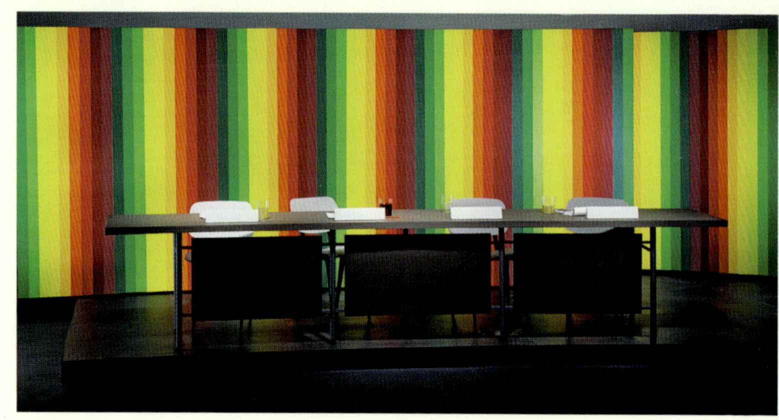

34 Thomas Demand, Studio, 1997

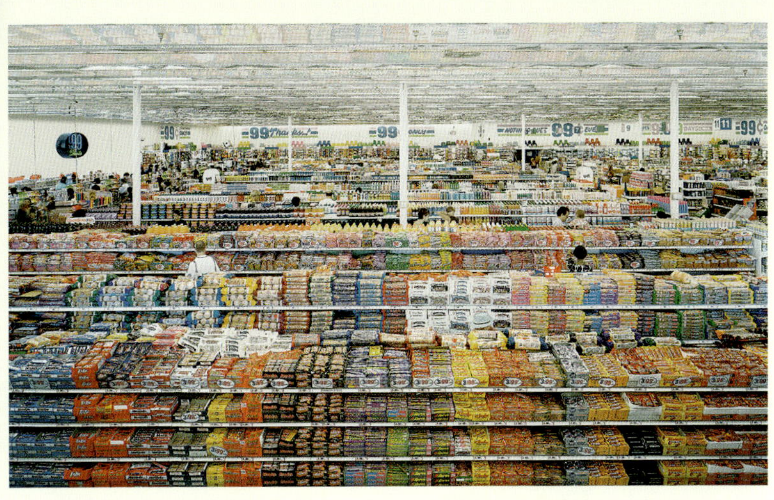

35 Andreas Gursky, 99 Cents, 2001

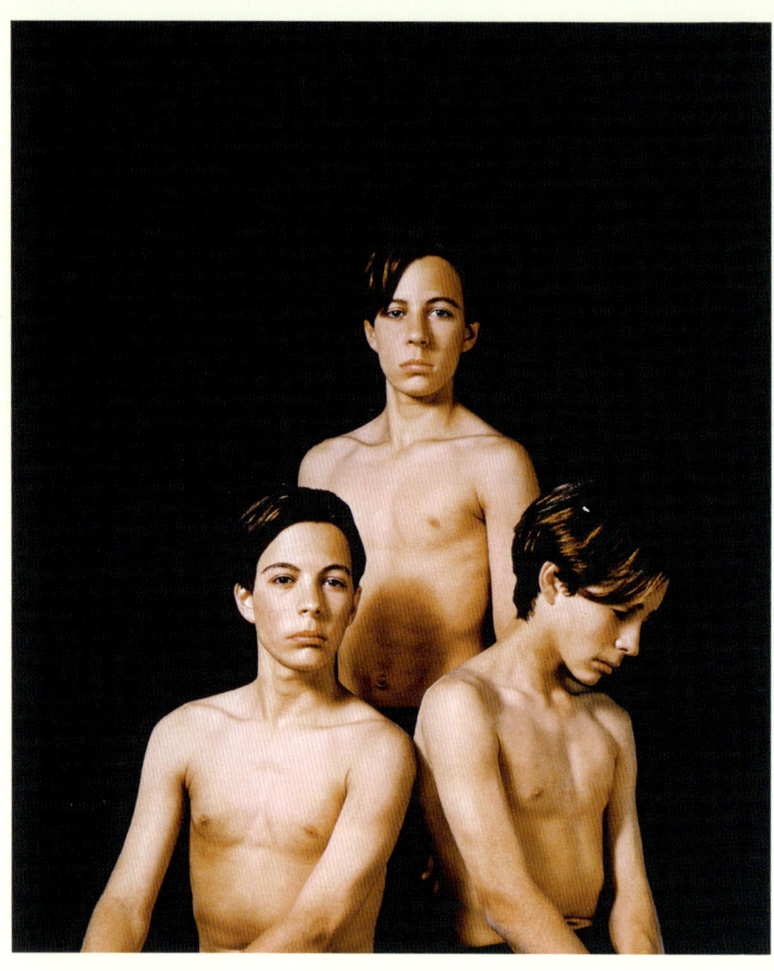

36 Keith Cottingham, Drillinge, 1993

die durchgearbeitet werden müssen, die fotografische Serie ist vielmehr stark inhaltsgebunden, sie sammelt Gruppen, Klassen, Zugehörigkeiten von Gegenständen. Die Serialität hat also eine archivalische Tendenz: Fördertürme, Cowboys, Bibliothekssäle, Innenräume von Museen etc. können Material sein.

Die Fotografien wurden immer größer. Wie so oft war es das Museum of Modern Art, das einen Trend legitimierte. 1983 zeigte es die Show *Big Pictures By Contemporary Photographers*, und der Kurator verwies darauf, dass «Fotografen nun Format und physische Präsenz ihrer Bilder als formale Elemente bewusst einplanen». In Deutschland war es Katharina Sieverding, welche die ersten Großfotos im Format von Plakaten oder ganzen Plakatwänden in der Mitte der 70er Jahre anzufertigen begann, lange vor den Becher-Schülern oder Jeff Wall, die mit ihren XXL-Formaten heute die Szene dominieren (die Vorlage von Abb. 35 misst 229 x 437 cm). Prints dieser Größe sind aber auch nicht billig, d. h., das bildmäßige Format verlangt eine höhere Investition und dementsprechend höhere Marktpreise. Wie gesagt, der Rekord steht bei 3,4 Millionen Dollar – zu Beginn der Tendenz zum großen Bild lag die Marge bei 71 500 Dollar. So viel wurde 1981 für eine Aufnahme von Ansel Adams bezahlt. Hat die großformatige, bildmäßige Fotografie sehr viel mit Markt zu tun, so hat sie gleichzeitige Konsequenzen für die Rezeption von Fotografien. In einer der wichtigsten Publikationen zur zeitgenössischen Fotografie, in seinem Buch *Why Photography Matters as Art as Never Before* (2008), hat Michael Fried die Formatfrage in das Zentrum seiner Überlegungen gestellt. Er verweist generell auf den nicht-theatralischen Effekt vieler dieser Arbeiten, was zunächst einmal einen Widerspruch bedeutet, denn sie offenbaren sich schon bei kürzerer Betrachtung als extrem inszeniert und gestellt, also mit Mitteln des Theaters produziert. Zwei Gründe aber können für diese Tendenz zu in sich abgeschlossenen, absorbierten Kompositionen verantwortlich gemacht werden: Die vorausgehenden Stilrichtungen Minimalismus und Konzeptuelle Kunst, aber auch der Feminismus hätten eine Ablehnung von Voyeurismus und Bildrhetorik verbindlich gemacht, auch für das, was nach ihnen kam, und weiterhin: Das Tableau, das quasi museales Sehen verlangt, gibt eher dieses, also den bildnerischen Tatbestand des «Gesehen-Werdens» (to-be-seenness nach Fried) als Thema auf und nicht die dramatische Interaktion.

Eine weitere gravierende Änderung in der Erscheinung von Fotografie war der Einsatz der Farbe. In der Welt der avancierten Fotografie war Farbe bis in die 70er Jahre «vulgär», wie sich Walker Evans ausdrückte. Es waren amerikanische «Straßenfotografen» wie William Eggleston, Joel Meyerowitz, Joel Sternfeld und andere, die ab ca. 1970 konsequent in Farbe fotografierten. Man hat zu Recht darauf hingewiesen, dass die Durchsetzung der ungewohnten Erscheinungsform in der sogenannten New Color Photography über ungewohnte, pikante und oft auch vulgäre Sujets erfolgte. Die ersten anerkannten Farbfotografen waren also Kuriositätenjäger. Sie sind um Grade näher am Fotojournalismus als etwa Klein und Frank, aber ihre Aufnahmen tun nur so, als wären sie für die Seite der Lokalnachrichten gemacht. Heute ist das alles, wie man so sagt, kein Thema mehr: Farbe ist die Norm, Schwarz-Weiß die Abweichung.

Die fotografischen Aktivitäten der Postmoderne

Am Ende eines Textes von John Baldessari, zu dem zwei fotografische Aufnahmen gehören, steht der Satz: «I am not sure but I think this has something to do with Art.» In den 80er Jahren wird der Satz mit mehr Überzeugung ausgesprochen: «Yes, this has to do with Art», oder die Behauptung wird ganz unterdrückt und der Inhalt für selbstverständlich genommen. Noch einmal: Es war dies eine Zeit, die institutionell einen enormen Ausbau brachte. Es stieg die Zahl der Ausbildungsstätten an Kunst- und Fachhochschulen, es vermehrten sich die Fotogalerien, es etablierte sich Fotografie, historische wie aktuelle, als Wertobjekt des Kunsthandels, es öffneten sich auch die Museen in Europa für das Medium Fotografie, es wurden die ersten Professuren für Geschichte der Fotografie eingerichtet, Verlage mit dem Spezialgebiet Fotografie entstanden überall.

Die «Fotografen», um die es hier vor allem geht, die Generation, die vor und nach 1980 beginnt, machte «Kunst mit Fotografie» (Rolf H. Krauss) oder übte «fotografische Aktivitäten» (Douglas Crimp) aus, tat dies bewusst und voller Überzeugung und orientierte ihre Arbeiten seltener an der internen Entwicklung der künstlerischen Fotografie als an massenmedialen und künstlerischen Praktiken. Seit Warhol muss Letzteres ja kein Widerspruch mehr sein. Insofern passt in mehr als einer Hinsicht auch der Begriff Medienkunst. Rosalind Krauss hat im gleichen Zusammenhang davon gesprochen, dass Fotografie theoretisch werde. Fotografie über Fotografie, die wir kennenlernen werden, erklärt diese Aussage am leichtesten. Aber schon die Tatsache, dass viele (nicht alle) Fotografen «kunstlos» arbeiten, sich am «zero-point of style» (Krauss) aufstellen, markiert denselben Abstand zu sich selbst. An was man am besten gar nicht denkt, ist die Kamera. Wenn Fotografie Kunst werden will, muss sie unspezifisch sein. «Die Spezifik des einzelnen Mediums wird zugunsten einer Praxis aufgegeben, die man ‹Kunst-im-Allgemeinen› nennen muss …», sagt Krauss.

Appropriation, Image Recycling: Cindy Sherman, Sherrie Levine, Richard Prince

Die Fotokünstler, von denen der nächste Abschnitt handelt, nehmen Anteil an jener weitverbreiteten «Krise der Repräsentation», die seit den 70er Jahren die Philosophie, die Geisteswissenschaften, aber auch die Künste erfasste. Einst hatte die Fotografie die klassischen Kunsttechniken in eine solche Krise gestürzt. Deren Antwort hieß: Entfernung von der Fotografie, Überwindung des Realismus, dramatische Neubegründung durch die Prinzipien «Immanenz, Autonomie, Präsenz, Originalität, Autorschaft» (Abigail Solomon-Godeau) – so die Liste der modernen Grundsätze und gleichzeitig das «Sündenregister» aus postmoderner Sicht. Richard Prince, zu dem wir gleich kommen, hat einmal gesagt: «Ich klaue, was ich kann, und erfinde praktisch so gut wie gar nichts selbst oder kaum etwas. Hätte ich es selbst erfunden, wäre es nicht mehr echt und auch nicht mehr wahr.» Anders als die Fotografie über Fotografie, die zur Konzeptkunst der 70er Jahre gehört, ging es zwischen 1970 und 1980 nicht so sehr um die Medialität von Fotografie, sondern um ihren sozialen Gebrauch. Es entstand eine Fotografie, die hinter das Vorkommen und die Sinnordnungen massenmedialer Fotografie zurücktrat und sie gewissermaßen von hinten aufarbeitete und umzudrehen versuchte. Zentraler Angriffspunkt war neben den genannten Idealen der Moderne der Anspruch der Fotografie auf Realitätstreue. Wie Douglas Crimp schon 1981 ausführte, beruht die Stärke der postmodernen Fotografie «auf ihrer unüberbrückbaren Distanz zum Original, ja zu der Möglichkeit, daß es ein Original geben könnte». Original meint hier das vorgängige Referenzobjekt in der Realität, meint aber auch im engeren Sinne das Originalwerk aus der Kunst- und Fotografiegeschichte. Die Künstler der Richtung Appropriation (Aneignung) fotografierten Fotos ab, stellten Filme nach oder bezogen sich im lebenden Bild auf Originale der Alten Meister. «Ihre Bilder sind entwendet, konfisziert, angeeignet, gestohlen. In ihrer Arbeit kann das Original nicht ausgemacht werden, es ist immer ausgemustert.» Für diese Fotografen steht mit den Worten desselben Autors fest: «Second-hand experiences – Erfahrungen aus zweiter Hand sind die einzige Art von Erfahrung, welche die Angehörigen technologisch avancierter Kulturen noch machen können.»

Cindy Sherman (Jahrgang 1954) soll einmal gesagt haben: «Ich wollte keine ‹hohe› Kunst machen. Ich ... wollte etwas finden, auf das sich jedermann beziehen konnte, ohne etwas über zeitgenössische Kunst zu wissen. Ich dachte nicht in den Dimensionen von wertvollen Abzügen und Archivqualität, ich wollte nicht, dass die Arbeit wie eine Ware aussah.» Ginge dieses Zitat weiter und Sherman würde sagen: All das habe ich leider nicht erreicht, wäre die Selbstaussage korrekt. Was sie und ihre Kolleginnen und Kollegen aus Manhattan auch immer «wollten», sie sind in der «hohen» Kunst und dort weich gelandet.

Cindy Sherman rechnen wir zur Gruppe der Appropriationists, weil sie reproduziert, was schon eine Reproduktion ist, aber die Art und Weise, wie sie das tut, ihre Haupttätigkeit, ist die Inszenierung, man könnte auch die stillgestellte Performance sagen. Cindy Sherman konzentriert sich auf sich selbst, auf die Protagonistin (meist sie selbst), die sie in vielen Serien durch die verschiedensten Rollen, Milieus und Medien schickt: als Filmschauspielerin, Clown, historische und mythische Figur, Frauengestalt der Kunstgeschichte, Centerfold, Soft-Porno-Darstellerin etc. Kierkegaard hat einmal den existenziellen Modus der Frau als ein «Sein-für-Andere» gedacht, die Frau bestehe also nicht aus sich selbst heraus, und er hatte hinzugefügt, dass die Frau nur ästhetisch frei sei. Shermans fotografische Aktivitäten muten wie ein extensiver Kommentar zu diesem Gedanken an und als eine Widerlegung der Hoffnung, welche der zweite Teil der Aussage enthält. Bis zum Jahr 1989, als sie zum ersten Mal medizinische Puppen agieren ließ, verkörperte sie selbst, zur Unkenntlichkeit verkleidet, das Medium Frau in seinen kulturellen Ausprägungen in eigener Person und Regie. Weitergehend arbeitet sie gegen überkommene Konzepte von Selbst, Identität, Individualität. Noch einmal zitieren wir Douglas Crimp: «die Fiktion, die Sherman enthüllt, ist die Fiktion eines Selbst. Ihre Fotografien zeigen, daß das angeblich autonome und einheitliche Selbst ... selbst nichts anderes ist als eine diskontinuierliche Folge von Repräsentationen, Kopien und Fälschungen.» Sie demonstrieren weiterhin, wie Rosalind Krauss ausführt, «eine Weigerung, den Künstler als eine Quelle von Originalität zu verstehen, als einen Born subjektiver Reaktionen, eines Zustands kritischer Distanz zu einer Welt, gegen die er angeht, aber von der er selbst kein Teil ist». Diese sicher richtige Behauptung muss man allerdings durch ein Meta rahmen: Sherman wird durch die Verweigerung der Originalität, indem sie sich zur Standardperson macht, originell, dieses Rollenspiel «ist ihr Ding». Es schließt sich dieses Projekt an jene Tendenz der Achtzigerjahre an, die das Ich-Sagen zelebrierte, den Ego-Trip als Tagesausflug praktizierte. *Me, Myself and I*, wie einmal eine einschlägige Ausstellung hieß.

Ebenso wichtig wie diese sozialpsychologische Ausrichtung des Projekts und durch und durch postmodern ist die Tatsache, dass die Fotografien Cindy Shermans auf Bilder verweisen, die in der Realität nicht existieren. Hier werden also Kopien ohne Originale, «falsche Kopien» (Rosalind Krauss) angefertigt – das funktioniert sowohl auf der Ebene des einzelnen Bildes, das keine Deckung in der Medienwelt hat, als auch auf der Ebene der medialen Übertragung – die «Originalvorlagen» wurden anderen Medien entnommen. Die Unterschiede zu anderen «fotografierenden Selbstdarstellern» (Max Wechsler) wie Urs Lüthi, Jürgen Klauke und Luciano Castelli liegen damit auf der Hand: Selbst wenn der «aufgeklärte Egomane» Urs Lüthi sich 20-mal als *Numbergirl* (1973) präsentiert, nackt, eine Fotografie vorhaltend, uns adressierend, so kann das Rollenspiel doch nicht die Rückführung auf das nur begrenzt wandlungsfähige und immer noch resistente Selbst verbergen. Oder wenn Jürgen Klauke eine Serie *Ich und Ich, masculin-feminin* nennt, so deutet das schon an, dass hier eine Arbeit an der Identität und ihrer vorgegebenen Geschlechterrolle stattfindet. In diesem Sinne sagt Sherman niemals Ich.

1981 zeigte Sherrie Levine (Jahrgang 1947) in einer New Yorker Galerie eine fotografische Serie mit dem Titel *After Walker Evans*. Es sind Aufnahmen, die nach Buchreproduktionen von Aufnahmen des FSA-Fotografen Walker Evans gemacht wurden (wie Abb. 24). Bilder von Bildern des Elends, das damals große Teile der USA heimsuchte. Wir haben Walker Evans im zweiten Kapitel kennengelernt. In dem Wort «after» klingt das «Post» der Postmoderne an. Levine kommt «nach» Walker Evans, ist später als er, und sie arbeitet nach, im Sinne von «wie Evans». Diese Arbeit ist eine Geste und nicht ein Werk, vergleichbar den ersten ebenfalls in New York ausgestellten Readymades von Marcel Duchamp und den *Brillo Boxes* Andy Warhols, die zu ihrer Zeit als kunsthistorische Endpunkte stark diskutiert wurden, aber natürlich auch nicht endgültig waren. Da das «nach» kein Ende hat, ging es dann so weiter: Ein Fotograf namens Michael Mandiberg hat das Projekt Levines auf den technischen Stand der digitalen Fotografie gebracht, sodass man im Netz nun Bilder «After Sherrie Levine.com» betrachten kann. 1981 war noch zu früh, um zu jenem Entwicklungsstand aufzuschließen, den wir heute haben, da Kunstwerk und Reproduktion gemeinsam zum »Bankgeld» geworden sind, zu einer nach Reproduktion und Re-Reproduktion ununterscheidbaren Datenmenge ohne materielle Grundlage. Deswegen können wir hier mit gutem Gewissen unter dem Label Levine auf die Abbildung des Evans-«Originals» verweisen.

Ein anderer Künstler der Richtung Appropriation, der sogar schon etwas früher anfing, Re-Fotografien anzufertigen, ist Richard Prince (Jahrgang 1949). Anders als Levine bedient er sich mit seinen Aneignungen nicht aus der anerkannten Fotogeschichte, sondern aus dem fotografischen Reservoir der Werbung, der Massenkultur, der Bilderwelten marginaler Gruppen und der US-amerikanischen Mythen. Anders als Levine, die systemimmanent arbeitet, betreibt Prince eine kritische Pop-Art, operiert mit und gegen «public pictures», wie er sie nennt. Mit dem Rekurs auf massenhaft verbreitete Bilder steigert er den konzeptionellen Ansatz im Sinne einer engeren *foto*theoretischen Perspektive. Denn die unendliche Reproduktion liegt im Wesen der Fotografie, im Grunde gibt es kein Originalfoto – ungeachtet aller Vintage Prints und Fotografien mit beschränkter Auflage und entwertetem Negativ exponieren die Re-Fotografien diese grundsätzliche Tatsache. Und in einem weiteren Unterschied zu Levine sind die Bilder von Prince «nicht mit einem Urheber assoziiert». Nicht mit einem bekannten Urheber assoziiert, müsste man sagen, denn irgendeinen Autor haben sie alle, und das ist der Grund, warum urheberrechtliche Problemstellungen mit zur Strategie von Prince gehören. Andererseits beschränkt er sich nicht darauf, seine Vor-Bilder 1:1 abzubilden, sondern kann sie auch beschneiden, von der Seite aufnehmen, in Partien unscharf werden lassen, in Schwarz-Weiß aufnehmen usw. Das heißt, nach deutschem Recht kann er für seine Werke ein höheres Urheberrecht, das Recht des Lichtbildwerkes, in Anspruch nehmen, das, anders als ein Lichtbild, etwa eine 1:1-Reprofotografie, im Sinne Levines die «erforderliche Individualität im Sinne eines Ergebnisses einer eigenen geistigen Schöpfung» besitzt, wie es im Urheberrecht heißt.

Eine seiner 1:1-Reproduktionen trägt den Titel *Spiritual America* (1983) und zeigt die spätere Film- und Fernsehgröße

Brooke Shields nackt, in aufreizender Pose. Sie war zum Zeitpunkt dieser und ähnlicher Aufnahmen zehn Jahre alt, ihre Mutter hatte die Serie in Auftrag gegeben und ihrer Veröffentlichung zugestimmt. *Spiritual America* war der Titel, den eine Nahaufnahme von Flanke und Leistenbeuge eines beschnittenen Hengstes trug, die Alfred Stieglitz im Jahr 1923 anfertigte. Hier wurde die männliche Sexualität als kastriert dargestellt. Im Fall der Aufnahme von Brooke Shields ist es eine noch nicht geschlechtsreife Kindsfrau, welche die hohe Bürde trägt, die Impotenz des geistigen Amerika zu verkörpern. Der schmierige, zusätzliche Reiz der Aufnahme besteht darin, daß sie sexualisiert ist, ohne schon Frau zu sein. Prince hatte die Worte *Spiritual America* nicht nur einer Fotoserie, sondern auch seiner Ladengalerie gegeben, in der er die Fotografien von Brooke Shields zuerst ausstellte.

Abgesehen von den komplizierten rechtlichen Auseinandersetzungen um dieses Bild, das 2009 aus einer Ausstellung der Tate Gallery entfernt wurde, machten Prince zwei andere Serien berühmt: vor allem die Serie *Cowboys*, die aus Reproduktionen der Marlboro-Reklame in Zeitschriften und auf Plakatwänden bestand. Diese waren in den Worten des «Autors» Prince «too good to be true». Hier wurden Bilder einer Symbolfigur des männlichen, freien Amerika gefaked, die selbst Fakes waren. Denn natürlich steht hier ein Modell für einen Berufsstand ein, den es nicht mehr gibt und in dieser Form vermutlich nie gegeben hat, außer eben in Filmen, Romanen und auf der Bühne. Das heißt, dass diese seriellen Appropriationen nur weitere Positionen auf einer Linie fiktiver Fabrikationen sind. Und damit könnte man umgekehrt sagen, dass Prince unter den Künstlern der Realist ist, denn schon Warhol wusste, dass die Realität Marilyn Monroes ihren Ort im Bild hat und nur im Bild. Baudrillard sagte: «Eine mögliche Definition des Realen ist: wofür es möglich ist, eine äquivalente Reproduktion zu erstellen.»

Prince tauchte in den 80er Jahren in den unerschöpflichen Fundus der Bilderwelten der Unterschicht ein, reproduzierte die Aufnahmen von Unberühmtheiten, die in Fotos von Partys oder Bikershows Warhols berühmte 15 Minutes of fame suchen.

Girlfriends ist der Titel einer Serie, in der Exhibitionismus thematisiert wird. Sie führt in Welten ein, wo Frauen aus eigenem Antrieb an ihrer Ausbeutung teilnehmen. Die Quelle sind wieder Zeitschriften, diesmal die «Fachpresse» (fanzines) etwa für die Biker-Szene oder einschlägige Kataloge der Zubehörindustrie. «Prince scheinen die angestrengten Versuche der Selbstverwandlung zu faszinieren, die in letzter Instanz dann doch nicht funktionieren. Wie der Marlboro-Mann posieren die Frauen, die er porträtiert, als Gesetzesbrecher und Individuen. Aber auf ironische Weise ist die Art, wie sie Gesetze überschreiten, identisch mit einer Zurschaustellung ihrer Sexualität für Männer. Wenn also die ‹biker chiks› in den Sonnenuntergang fahren, dann fahren sie oben ohne. Die Frauen, die Prince auswählt, besitzen nicht das nahtlose Image von Filmstars oder Models; sie haben etwas Schmutziges und Gemeines an sich, sie bleiben ein Patchwork aus Wünschen und Begierden.» (Carol Squire und Brian Wallis)

Text und Bild: Barbara Kruger und Victor Burgin

Postmoderne Fotografie ist, wie eingangs gesagt, «unrein», unrein, was den Stammbaum anbelangt, unrein aber auch, was die Mischung der Medien angeht. Die «gute» Fotografie ließ keinen Text zu, sie tat oft so, als gäbe es noch nicht einmal Unterschriften. Das ändert sich jetzt. Barbara Kruger (Jahrgang 1945), die vor allem Fotografien recycelt, imitiert das Werbeplakat, d. h., sie bezieht damit auch notwendig die schriftliche Botschaft mit ein und macht mit den von ihr formulierten Texten eine zweite, widersprüchliche und erweiternde Ebene der Mitteilung auf. Wenn sie zwischen die Finger einer Frauenhand nicht eine Kreditkarte, sondern eine kleine Tafel mit der Aufschrift *I shop therefore I am* (1987) setzt, dann ist das Ich so generell zu verstehen wie die austauschbare Hand. Wenn sie das verdunkelte Gesicht eines Hut tragenden Mannes mit der Botschaft überschreibt: *Your comfort is my silence* (1981), dann funktioniert das Du, das ebenso oft verwandt wird wie das Ich, als viel zu intime Ansprache des Mannes, der als Voyeur oder Aggressor gedacht wird. Krugers Werk folgt zwei Direktiven: dem Feminismus und der Konsumkritik. Ähnlich gelagert, aber eher von der Semiotik und poststrukturalistischen Theorie unterstützt, ist das Werk des Engländers Victor Burgin (Jahrgang 1941), der eher an einer didaktischen Kooperation von Text und Bild interessiert ist, um seine äußerst komplexen und langen Mitteilungen machen zu können. Er ist vielleicht der Erste, der sich nicht gescheut hat, das Medium der Lehrtafel, der didaktischen Einheit aus Schrift und Bild zu rezipieren. Auch Burgin benutzt bereits existierende Fotografien oder Filmstills und tendiert zum großen Format. Wir wählen ein Werkbeispiel, das ausnahmsweise ohne reproduzierten Text auskommt und trotzdem wie alle Arbeiten extrem auf Text angewiesen ist – in diesem Fall auf externe Texte. So stellt er unter dem Titel *Angelus Novus* (1995) (Abb. 38) folgendes Triptychon zusammen: in der Mitte das Gesicht einer jungen Frau und links und rechts zwei identische, aber gespiegelt angebrachte Luftaufnahmen eines Bombenabwurfs im Zweiten Weltkrieg. «Angelus Novus» bezieht sich natürlich auf das Bild mit dem Engel von Paul Klee, der nach Walter Benjamin mit einem Wind aus dem Paradies vorwärts- und mit dem Rücken voraus über die Trümmerfelder der Geschichte getrieben wird. Der Text ist also hier auf den Titel reduziert, ohne dessen Implikationen ein Verständnis des Werkes unmöglich ist. Selbstkommentare verweisen darauf, dass der Künstler noch weitere, mit Benjamin nicht koordinierbare Gehalte verstanden wissen möchte: «Auf der Suche nach Antworten sind die Widersprüche zwischen territorial wie ethnisch orientierten ‹identity-politics› (Burgin) und deterritorialisierenden Medienverbünden zu beachten ... Ein Wechselspiel von De- und Reterritorialisierungen beschränkt und öffnet die Möglichkeiten zukünftiger Konstruktionen sozialer Codes.» (Thomas Dreher) Dies erschließt sich einem nur, wenn man weiß, dass Burgin der Arbeit ursprünglich den Titel «Streetphotography» geben wollte. Das wiederum erinnert uns an die fotografische Position, die wir im letzten Kapitel beschrieben haben und deren Kennzeichen die Nähe (Deterritorialisierung) ist, während die Lufttbilder des Triptychons im Kontrast die Effekte der Reterritorialisierung vorführen und Straßenfotografien in einem ganz anderen Sinne sind. Mit Benjamin und «Angelus Novus» hat das natürlich nichts mehr zu tun. Das ist Kunst mit Fotografie im Zeitalter der Diskurse, in diesem Fall der in den Kommentartext ausgelagerten Texte. Die Fotografie, die Roland Barthes als Mitteilung ohne Code sehen wollte, hat vielleicht von allen Künsten dieses Zeitraums das höchste Maß an Recodierung ausgelöst.

Inszenieren, Erzählen: Les Krims, Duane Michals, Bernhard und Anna Blume

Noch einmal zitieren wir Douglas Crimp: «Am entgegengesetzten Ende dieses Spektrums [der postmodernen Fotografie à la Levine] liegt eine Fotografie, die selbstbewusst komponiert, manipuliert, fiktionalisiert ist, der sogenannte inszenierende Modus, wo wir fotografische *Autoren* finden wie Duane Michals und Les Krims.» Eine weitere Praxis postmoderner «fotografischer Aktivitäten» ist also die erzählende und die inszenierende Fotografie. Sie schließt auf ihre nicht unkritische Weise an das alte Verlangen nach dem Original an, ja sie versucht durch ihre Regietätigkeit noch origineller zu sein als die Fotografie des entscheidenden Augenblicks, die das Ideal der Nachkriegszeit war. So etwas wie die Werkgerechtigkeit der Fotografie wird jetzt einfach ignoriert. Les Krims (Jahrgang 1949) (Abb. 37) begann in den frühen 70er Jahren mit Parodien dokumentarischen Fotografierens, etwa von Tatortaufnahmen, und betrat das Gebiet der erzählerischen Fotoserie mit der Folge *Making Chicken Soup* (1972), die seine Mutter bei der sukzessiven Anfertigung ihrer speziellen Hühnersuppe zeigt – sie ist nackt. Krims gefiel und gefällt sich in der Rolle des «bösen Buben» oder Spielverderbers der Fotografie, indem er grundsätzlich nackte Frauen, Behinderte und Tiere in entwürdigende Situationen verwickelte und alles «stellte» – «Fictions» ist sein Wort dafür. Krims hat einmal gesagt, dass man jedes Bild, das man haben will, haben kann – und haben darf. Entweder Gelächter oder Verdammung, bisweilen auch tätliche Angriffe sind die Reaktionen auf sein

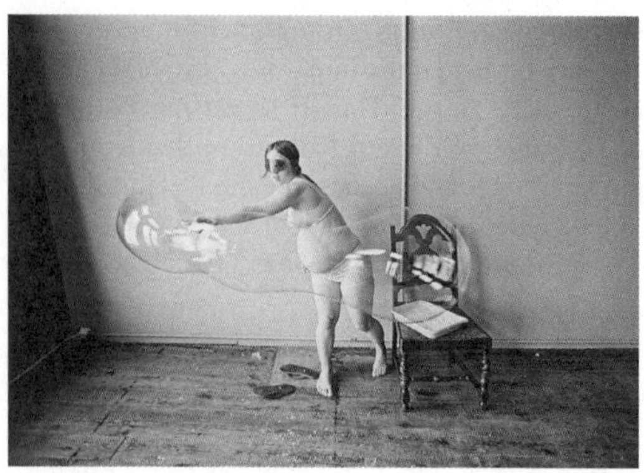

37 Les Krims, Pregnant woman making large soap bubble, 1969

Werk. Er schaffte es, gegen alle «Korrektheiten» der letzten 40 Jahre zu verstoßen. «Irritating the left» wurde sein liebster Zeitvertreib, und damit machte er sich natürlich wenig Freunde unter Kritikern und in der Fotoszene, die er ohnehin als links und regierungsamtlich unterstützt ablehnt. Ein Projekt, an dem er seit dreißig Jahren arbeitet, ist die monumentale Serie *The Decline of the Left*. Krims ist der erste Fotograf, der nicht nur sein Werk, sondern auch sein Leben, seine Ansichten und Haltungen so extrem mit zur Schau stellt, dass ein Absehen von ihnen, eine Konzentration auf die «Fotografie» unmöglich ist. Das ist eine andere Form von «Unreinheit», nicht in der Sache und erst recht nicht in der politischen Ausrichtung, aber doch in der zwanghaften Kontextualisierung. Vergleichbar mit den Strategien von Victor Burgin: Funktioniert dort nichts ohne den Diskurs der Postmoderne, im Bild und neben dem Bild, so kann Krims Werk nicht ohne seinen hemmungslosen Hass auf denselben Diskurs und die damit einhergehenden politischen Dispositionen verarbeitet werden.

Auch bei Duane Michals (Jahrgang 1932) ist alles gestellt, soweit es um seine fotokünstlerischen Serien und nicht um seine Presse- und Reisefotografie geht. Im Jahr 1970 stellte er in der Serie *Chance Meeting* (*Die Zufallsbegegnung*) in sechs Bildern eine essenzielle Szene städtischen Lebens dar: Zwei Männer, urbane Typen, gehen in einer New Yorker Alley aufeinander zu, aneinander vorbei und drehen sich in einiger Entfernung zueinander um. Das Schlusstableau kann Zufall sein, eine instinktive Reaktion, es kann aber auch Interesse füreinander ausdrücken, plötzliches Hingezogensein. Wichtig ist der Schauplatz, die enge Gasse hinter den Häusern, ein unheimlicher Ort. Wer ihn passiert, wird ihn möglichst schnell wieder verlassen. Wer sich umdreht, hat (vielleicht) etwas im Sinn. Wenn wir die Szene im Kontext einer homoerotischen Thematik lesen, was man bei dem bekennenden Schwulen Michals oft muss, und das Jahr 1970 hinzu bedenken, dann erzählt diese Sequenz von den Ungewissheiten (Chance Meeting), aber auch von der Intensität (die enge Alley) und der Gefährdung (noch einmal die enge und düstere Alley), von einer gemischten und letztlich prekären Gefühlslage. Michals hat aber auch ganz andere Serien entworfen, welche seine große Kennerschaft des Werkes von René Magritte verraten. Dann sind nicht die Männer «queer», sondern die Sachen: *Things are queer* (1972) (Abb. 38) heißt eine Serie von neun Bildern, die nach dem Verfahren der Einbettung gestaltet ist. Am Anfang sehen wir in (1) ein Badezimmer mit Badewanne, Waschbecken und Toilette und einem Bild über dem Becken. Dieses Arrangement entpuppt sich in (2) als eine Ansammlung von Miniaturobjekten, denn vor die Modelle ist das nackte Bein eines Mannes getreten, der in (3) in voller Größe gezeigt wird. Daraufhin wird in (4) die Szene von (1)–(3) als Illustration in einem Buch identifiziert, das in (5) ein Mann hält, der in einem dunklen Gang steht (6), eine Gegebenheit, die in (7) wiederum als Bild im Bild, diesmal als gerahmtes Bild an einer Wand erkannt wird, das also (1)–(7) aufnimmt und das in (8) über einem Waschbecken hängend gezeigt wird – und (9) wiederholt das Anfangsbild. Wir wissen nun, was in dem Bild im Bild in (1) bzw. (9) alles zu sehen ist oder zu sehen gewesen wäre, hätten wir dem dunklen und kaum wahrnehmbaren Ganzen die nötige Aufmerksamkeit geschenkt. Im Grunde vollzieht diese ineinandergeschobene Folge von Bildern die Figur des Balgens, der an alten Kameras die flexible Verbindung zwischen Objektiv und Kamera herstellte.

Michals schließt in Werken wie diesem auf zu Verfahren und

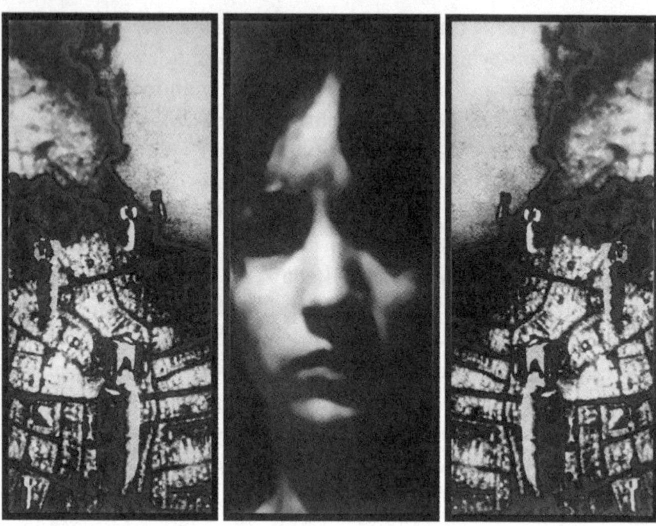

38 Victor Burgin, Angelus Novus (Street Photography), 1995

Strukturen der postmodernen Literatur, zumal in ihrer US-amerikanischen Spielart, für die hier nur der Name John Barth stehen soll. Barth ist Jahrgang 1931, Michals 1932. Über *Things are queer* könnte auch *Lost in the Funhouse* stehen, das ist der Titel von Barths bekanntestem Erzählungsband. Die tragende Struktur dieser Metanarrationen ist die Rahmenerzählung, sind *Tales within tales within tales*, wie Barth selbst einen programmatischen Essay überschrieben hat. Er zitiert in diesem Zusammenhang den französischen Strukturalisten Tzvetan Todorov, der die Rahmenerzählung mit folgendem Sprachbeispiel illustriert: «Derjenige, der den Mann, der den Pfahl, der auf der Brücke, auf dem Weg, der nach Worms führt, liegt, steht, umgeworfen hat, anzeigt, bekommt eine Belohnung.» In einer Erzählung sind die Rahmungen der Sequenzialität unterworfen. In einer Serie von Michals werden aber alle Einzelerzählungen ineinandergeschoben. Die geschlossene Form des Rahmens, die strukturell und faktisch so oft in dieser Serie auftaucht, ist die kleinere Ausgabe der Folge als Ganzer, die in sich selbst zurückläuft.

In ein gänzlich andersartiges Milieu führen die fotografischen Serien von Bernhard und Anna Blume (beide Jahrgang 1937), die seit 1980, wie sie sagen, an einem «lebenslangen Fotoroman» arbeiten. Sie selbst sind die Protagonisten, mal allein, mal zu zweit, aber nichts könnte ferner liegen als das zum selben Zeitpunkt angefangene Projekt des Rollenwechsels der Cindy Sherman. Die Blumes bewegen sich in einer sozial und historisch entfernten Region, in der sie ziemlich frei ihre Extravaganzen ausleben können, die mit anderen Worten keine Identifikationsprobleme, keine Fragen von «gender, class and race» aufwirft. Die Zeit und Umgebung ist, nach Kleidung und Accessoires zu schließen, eine kleinbürgerliche Welt in den 50er und 60er Jahren, aber das drückt nicht viel mehr als Distanz aus und fundiert eine gewisse Lächerlichkeit, wie sie etwa die Filme mit Heinz Erhart verbreiteten. Aber Komik wird anders erzeugt: Sie entsteht aus der Vis comica, aus dem dynamischen Kontrast, aus dem Zusammenprall von Ding und Mensch. Nehmen wir eine so bekannte Serie wie *Küchenkoller* (1985/86, acht Bilder) (Abb. 39), da spricht die spießige Frisur mehr noch als das ganz küchenungeeignete Kleid der Hausfrau von besagter Epoche. In einem Schlüsselbild ist gezeigt, dass das stark ornamentierte Kleid schon im Banne jenes Gegenreichs operiert, das als Welt der Dinge in ständiger Kollision mit ihren scheinbaren Herren und Herrinnen steht. Die Fotografie zeigt in der Mitte eine Ablaufschüssel, vermutlich aus Plastik, die das einzig scharfe Objekt des Bildes darstellt: Um das Zentrum herum dreht sich als Unterlage das Kleid in den wilden Bahnen seiner Ornamente. Auf diese Weise diktiert die Kreisform der Schüssel die rotierende Bewegung der Benutzerin, und der Aufstand der Dinge macht, dass nicht die Objekte, sondern die Subjekte bewegt werden. Umgekehrt können die Subjekte die freie Bewegung der Objekte nicht verhindern. Die Kippfigur bewegte Objekte – bewegende Objekte ist ein Grundthema der Blumes, es bezieht natürlich auch das Objekt mit ein, das zwischen ihnen und den Dingen vermittelt: die Kamera. Sehr oft ist es solidarisch mit seiner Klasse, den Dingen, und schwankt und stürzt und schwebt, oft in Einklang mit der Objektwelt und im Wider-

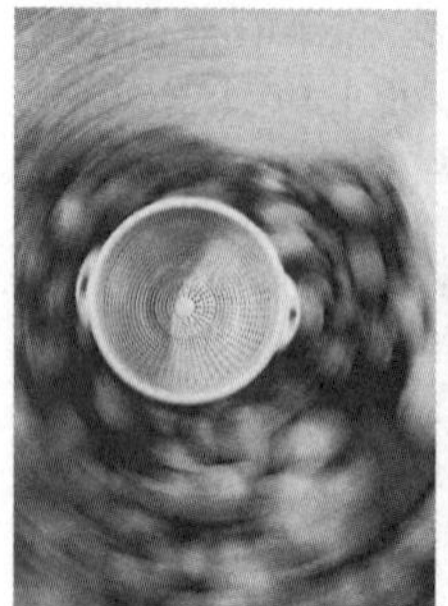
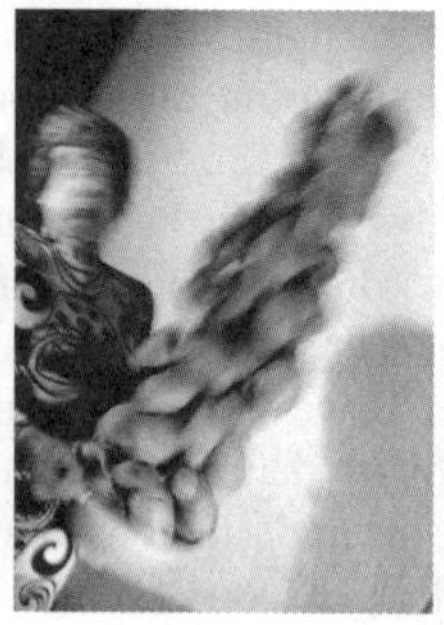
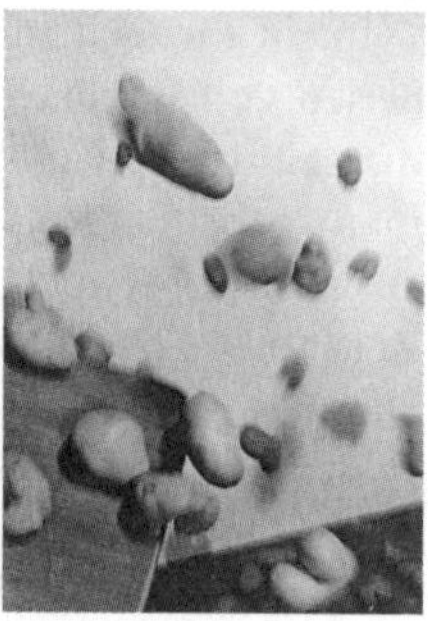

39 Anna und Bernhard Blume, Küchenkoller, 1985/86 (3 Bilder von 8)

spruch zu dem Rest an Geradlinigkeit, der sich in diesen Interieurs finden lässt. Selbstverständlich ist das eine inszenierende Fotografie, die sicher nicht einfach herzustellen war, aber was als Endergebnis auf dem immer schwarzweißen Fotopapier steht, ist eine andere Kunstform: die Performance, die zirkusreife Nummer, die Darsteller und Dinge aufführen. Es mag ja sein, dass die Blumes wirklich an die kleinbürgerliche Welt und ihren Dingfetischismus und auch an sich selbst und ihre Herkunft gedacht haben, aber daraus entwickelt hat sich weder eine «confessional photography» à la Nan Goldin noch eine Milieureportage im Stile der zeitgleichen Berliner oder Düsseldorfer Schulen der Fotografie. Entstanden ist so etwas wie ein modernes, aber auch nicht zu modernes Gegenstück zur Comedia dell'arte, ein Fotocomic, eine Absurditätenschau mit immer denselben Spielern im Fach Mensch und einer großen und abwechslungsreichen Besetzung im Fach Dinge.

Mise-en-scène: Jeff Wall, Thomas Demand

Postmodernes Erzählen ist ein Erzählen über das Erzählen, über seine Urheber, seine Legitimation, seine Strukturen, seine Geschichte und seine Medien. Eine Engführung der Thematik gibt Jeff Wall (Jahrgang 1946) in seinem Großbild *The Storyteller* (1986), das wie viele seiner Arbeiten als ein Großdia in einem Lichtkasten mit den Ausmaßen 2,29 x 4,37 aufscheint (Abb. 33). In diesem Stil, farbig, großformatig und mit von hinten beleuchteten Transparenten, arbeitet er seit 1977. Wall «spielt» den Bilderzähler und kann diese Rolle verschieden auslegen und steigern: vom Lokalreporter (*In the News* heißt ein Werk) bis zum Historienmaler (*Dead troops talk. A vision after an ambush of a Red Army patrol, near Moqor, Afghanistan, winter 1986* heißt ein anderes). In unserem Großdia soll eine Geschichtenerzählerin bei der Arbeit sein, die Frau ganz links, der zwei weitere Figuren zuhören. Das wäre also die Situation, die der Titel vorschlägt. Aber das ist nicht alles: Die Erzählung wird erzählt, indem sie einerseits bestätigt wird, denn die Erzählerin ist wie die anderen Zuhörer, wie vermutlich alle Figuren als Native Canadian erkennbar, als Angehörige einer Kultur, in der die orale Erzählung eine tragende Rolle spielt. Spielte, muss man wohl sagen, denn andererseits ist die titelgebende Gruppe an den Rand eines städtischen Niemandslandes gerückt, eine Hochbahn oder Überführung und Leitungsdrähte durchschneiden die Restnatur, die früher einmal der Gesellschaft der Geschichtenerzählerin gehörte. Suborbia, die Topographie der «unberühmten Orte», ist überhaupt der Schauplatz, den Wall immer wieder aufsucht und in dem es den Weißen auf andere Art auch nicht viel besser geht als den indigenen Kanadiern. Aber die Totalbeherrschung der Natur, dieser massive Eingriff ohne Eingreifende, macht deutlich, wie wenig die Erzählerin unter diesen Bedingungen auszurichten hat. Das beweisen auch die Indifferenten, die drei übrigen Figuren, die, in einiger Entfernung positioniert, sich nichts erzählen lassen. Oder noch nicht dazu bereit sind und erst einmal optischen Kontakt aufnehmen. Aber das Lagerfeuer ist ausgegangen, und es hat sich noch kein Kreis gebildet, der die Szene voll machen würde. Wall hat eine moderne Version von Édouard Manets *Dejeuner sur l'herbe* versucht, die Pastorale aber in ein zivilisatorisches Abseits verrückt. Anders als bei dem berühmten Vorbild, das Wall öfter zitiert, gibt es in diesem Tableau keine Nähe, sondern eine Distanz und eine Weite, welche die Macht der anderen Verhältnisse markiert und, was das Format anbelangt, an ein anderes Medium, an den Film, denken lässt. Und so entsteht ein Großteil von Walls Produktionen auch als Ein-Bild-Filme mit Schauspielern, Crew, Set und digitaler Postproduktion. In unserem Bild wie auch in zahlreichen anderen hat die Bildkomposition mit ihren dezentralen Positionen aber überhaupt nichts von Film. Wall gibt sich in diesem Werk als epischer Erzähler, ein Modus, den man auch in kompakteren Formaten antrifft, wo die unheimliche Fülle an Bildgegenständen nach sukzessiver Auflösung verlangt. Wall ist unter den inszenierenden Fotografen ein Kontrollfreak. Die Mise-en-scène wird kompositorisch und inhaltlich bis ins Letzte durchgearbeitet, eine Praxis, die nicht nur im Kontrast zum «Wesen» der Fotografie steht, die den kleinen Zufall im Bild einfriert, sondern auch der Natur der ereignishaft gestellten Szenen in Walls Werk widerspricht. Wenn er sagt, dass er «die zum Teil kausale und zum Teil nichtkausale Qualität eines Ereignisses in der realen Welt» in seiner Wiedergabe erreichen will, dann muss er die nichtkausalen, die kontingenten Elemente auch beisteuern. Er muss die Kontingenz fingieren, und er tut dies oft, indem er den Realitätseffekt durch ein Überangebot an kleinteiliger Ausstattung evoziert. «Das alles» kann unmöglich erfunden sein, soll der Betrachter instinktiv annehmen, ein Trick, den der Realismus des 19. Jahrhunderts zuerst ausprobiert hat. «Das alles» wahrzunehmen und zu entschlüsseln kostet aber auch Zeit; das sehr große Format, das «Dies alles» ermöglicht, absorbiert – die Bildinhalte und den Bildbetrachter.

Thomas Demand (Jahrgang 1964) inszeniert seit 1993 Räume ohne Handlung (Abb. 34). Seine Tätigkeit ist eine dreifache: Er sucht sich das Pressefoto eines Ereignisses aus, er fertigt den «Tatort», das sind Innen- wie Außenräume, als Modell aus Pappe an und tilgt dabei alle Akteure, dann fotografiert er das Modell. Der Abzug erfolgt in «Lebensgröße». Das Modell wird zerstört. Die Mise-en-scène, die schon bei Wall so wichtig war, wird nun zum Hauptträger der Bilderzählung. «Er hat die Zeitgeschichte ästhetisch entseelt. Ein flüchtiger Erinnerungswert ersetzt die abwesenden Personen.» (Günter Engelhard) Indem er zweidimensional gegebene Örtlichkeiten in drei Dimensionen überträgt und diese dann wieder im zweidimensionalen Abbild wiedergibt, negiert Demand den Referenzbezug zu möglichen Originalschauplätzen. Die Handlung findet also nicht im Bild statt, sondern vor dem Bild, als Wiedererkennen auf Seiten des Betrachters. Die Postmoderne als Verwalterin der «second-hand-experiences» hatten wir oben gesagt. Aber das ist selbst dann nicht so leicht, wenn man das zur Ikone gewordene Foto des Ortes zu kennen glaubt. Man denke etwa an den Ministerpräsidenten Uwe Barschel in seiner Genfer Badewanne. Die Macht der ersten Fotografie schwingt in den zweiten auf eine Weise nach, die einen Schwindel erzeugen kann. Die Größe der Abzüge kommt zwar den realen Dimensionen nahe, gleichzeitig lässt sie die Materialität der Modelle erkennen. Eine Hyperrealität ist entstanden, Bilder der dritten Art breiten sich aus. «Wie gesagt, die Fotografie diente an einem bestimmten Punkt, in ihrer prekären Position als die falsche Kopie – als Bild, das nur durch mechanische Umstände und nicht durch innere, wesensmäßige Verbindung mit dem Vorbild diesem ähnlich ist – dazu, das ganze System von Vorbild und Kopie, Original und Fälschung, Replikation ersten und zweiten Grades, zu dekonstruieren.» (Rosalind Krauss)

Kein bestimmter Moment in der Zeit: Hilla und Bernd Becher und ihre Schule

Nichts könnte auf den ersten Blick weiter auseinanderliegen als die Bechers und ihre Schule auf der einen Seite und die US-amerikanischen Spielarten der postmodernen Fotografie auf der anderen. Aber eine ihrer prominenten Vertreterinnen hat einmal ausgesprochen, was auch Fotografen wie Andreas Gursky und eventuell auch seine Lehrer, Hilla und Bernd Becher, sagen könnten: «Die Welt ist bis zum Ersticken angefüllt. Der Mensch hat seine Zeichen auf jedem Stein hinterlassen. Jedes Wort, jedes Bild ist entliehen und verpfändet. Und wir bemerken, daß das Bild nur ein Raum ist, in welchem eine Vielfalt von Bildern, keines von ihnen originell, verschmelzen und aufeinander stoßen. Ein Bild ist ein Gewebe von Zitaten, die aus den unzählbaren Zentren der Kultur entnommen wurden.» Die «Düsseldorfer» hätten das vor allem in Bezug auf ihre Objekte unterschrieben, Sherrie Levine, die wir zitierten, in Bezug auf das Bild und das Bildermachen.

1993 wurde auf der Biennale von Venedig dem Ehepaar Hilla (geb. 1934) und Bernd (1931–2007) Becher der Preis für Skulptur verliehen. Eine hohe Ehrung und ein eklatantes Missverständnis. Im Grunde fiel der Preis ja an die unbekannten Ingenieure, welche die «anonymen Skulpturen», also die Hochöfen, Fördertürme, Wassertürme, Kühltürme, Gasbehälter und Fachwerkbauten konstruiert hatten und in zweiter Linie an die Entdecker und Dokumentaristen dieser Gebilde: die beiden Fotografen. *Anonyme Skulpturen* war der Titel ihrer ersten Publikation, die 1970 herauskam (Abb. 40). Die Bechers hatten aber schon Ende der 50er Jahre ihr fotografisches Objekt, die Industriebauten, gefunden. Sie hatten die Objekte nicht nur aufgesucht und fotografiert, sondern auf eine ganz bestimmte, immer gleiche Weise zu Skulpturen oder Bildern von Skulpturen gemacht: frontal, formatfüllend, in neutralem Licht, in einheitlichen Horizontlinien – und dann die Einzelbilder zu Tableaus, zu Serien im Sinne der Konzeptkunst und Minimal Art zusammengestellt. Die fotografische Realität, die solche Industrieobjekte schon zu Zeiten der Neusachlichen Fotografie besaßen, wurde jetzt in die Kunstsphäre überführt. Zwei Entscheidungen arbeiten in diese Richtung: Gegen die Exzesse der Life-Fotografie und ihren Trieb zu immer neuen Schauplätzen beschränkten sich die Bechers «heimatkundlich» (Lothar Schirmer) auf den eigenen Lebensraum und in ihm auf die meist übersehenen Objekte. Weiterhin: Die Konzeptkunst will keine «persönlichen Sichtweisen» und erst recht keine persönliche Verwicklung in den fotografischen Prozess, sie ist ein kunstvolles Präparat dessen, was im Englischen «deadpan» heißt, die trockene, distanzierte, sachorientierte Ausdruckslosigkeit. Man kann das auch «cool» nennen und muss hinzufügen, dass die demonstrativ unpersönliche Sicht ein Mittel sein kann, um sich im Sinne des Labels Autorenfotografie individuell erkennbar zu machen. In diesem Fall wurde eine ganze Schule identifizierbar. Die Düsseldorfer Photoschule, seit Bernd Bechers Berufung an die Düsseldorfer

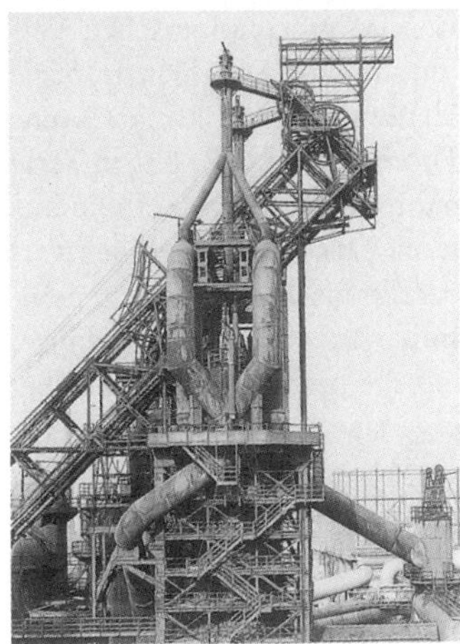
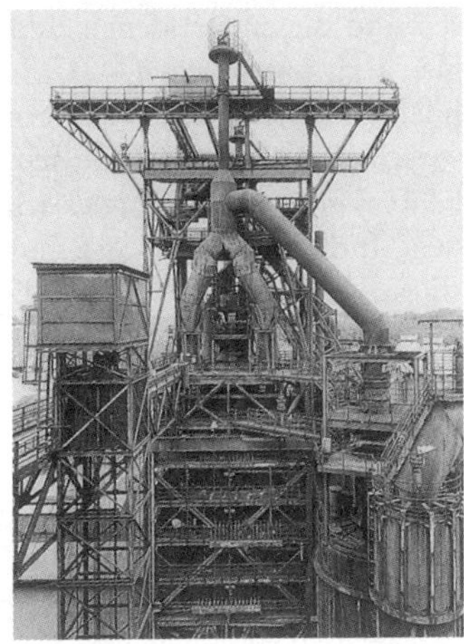

40 Bernd und Hilla Becher, Typologie: Hochöfen, Profilansicht, 1971

Kunstakademie im Jahr 1976 die bedeutendste Ausbildungsstätte und ästhetische Formation neben der Berliner «Werkstatt für Fotografie» in Deutschland, ist eine Schule des «deadpan» geblieben, auch wenn die Sujets und die Techniken wechselten. Diese Schule hat so etwas wie die Gattungsfotografie eingeführt: Die klassischen Bildgattungen wie Landschaft, Porträt, Architektur, Genre, Stillleben sind von ihr neu definiert worden. Aber mit allen Mitteln verweigert diese Schule den Effekt der Präsenz, des Dabeigewesenseins in räumlichen, zeitlichen und emotionalen Beziehungen. Das ist das Programm, das Andreas Gursky für sich, aber auch für seine Lehrer und Mitschüler auf die Formel gebracht hat, dass er gegen die Auffassung des Mediums Fotografie arbeite, «das nach einem bestimmten Moment in der Zeit verlangt». Diese Strategie schließt auch die Arbeit mit erzählerischen Momenten aus, sie ist aber bisweilen, wenn auch keineswegs durchgehend, an vorgängigen Medienwelten interessiert. Zu dieser Schule gehören unter anderem Andreas Gursky, Candida Höfer, Axel Hütte, Thomas Ruff, Jörg Sasse und Thomas Struth.

«Die Studenten lernten den Bildgegenstand genau zu studieren und die entstandenen Bildserien im morphologischen Vergleich zu untersuchen.» (Ulrich Pohlmann) Das Prinzip Serie blieb also den Becher-Schülern erhalten. Aber es konnten sehr verschiedene Gegenstände sein: Thomas Ruff z. B. hat in Serie bearbeitet: «nudes» (malerisch manipulierte Pornographie aus dem Internet), Nachtansichten von Düsseldorf (restlichtverstärkte Aufnahmen im Stil US-amerikanischer Aufklärungsfotografien), Architektur (die Bausünden der 50er und 60er Jahre, Mies van der Rohe), Interieurs und die berühmte Porträtreihe. Candida Höfer nahm die weltweit verstreuten Abgüsse von Rodins «Bürger von Calais» auf, Thomas Struth Museen und ihre Besucher. Die große Differenz zum Werk der Lehrer ist nicht die Farbigkeit der Fotografien im Gegensatz zu deren neutralem Grau-Weiß, den Unterschied macht die Größe der Abzüge oder besser: der Prints. Die wandfüllenden Formate lassen sich auch in der Buchreproduktion nicht mehr zu einem Tableau zusammenmontieren und sagen nicht im Sinne von Andy Warhol: «13 Mal ist mehr als einmal». Sie gehören lediglich konzeptionell dem Prinzip Serie an und bedienen nur gelegentlich die Gleichung von ästhetischer und pragmatischer Serialität des modernen Lebens. Im Gegenteil: Viele, nicht alle Sujets sind individuell, rar, gesucht. Diese Werkreihen leben gewissermaßen von dem Preis, der in Venedig die Fotografie zur Kunst erhob, wenn auch über einen Umweg: Sie bestätigen diese Erhöhung, indem sie so groß wie ein museales Tafelbild, aufwendig produziert und teuer sind. Mit 3,3 Millionen Dollar für ein Bild, das den Titel trägt: «99 Cents» (Abb. 35), hielt Andreas Gursky nicht nur einige Zeit den höchsten Preis für ein Werk der Fotokunst, sondern löste auch den besten Witz zum Thema Kunsthandel aus. (Gursky wurde geschlagen von Richard Prince, dessen Refotografie eines Cowboymotivs der Zigarettenwerbung für 3,4 Millionen Dollar versteigert wurde.)

Andreas Gursky (Jahrgang 1955) ist unter den Becher-Schülern derjenige, der am engsten an dem Programm der Lehrer geblieben ist und es auf eine neue technische Basis gestellt hat. Seit 1988 bedient er sich der digitalen Bildverarbeitung und collagiert die Aufnahmen eines Supermarktes oder einer Flussstrecke zu endlos streifenförmigen Bildern. Mit «99 Cent», der Innenansicht eines Schnäppchenmarktes, mit Bildern von modernen Wohnmaschinen und von Disco-Szenen verlegt er die Prinzipien Serialität, Anonymität, Massenhaftigkeit ins Innere des Bildes, dessen Gegenstände er, wie gesagt, durch Manipulationen ins tendenziell Endlose vervielfältigen kann. Das Prinzip der inneren Reproduzierbarkeit aller Bildelemente erhebt das Prinzip über das konkrete Motiv: «Ich will meine Motive so aussehen lassen, als könnte ich sie überall aufgenommen haben. Die Orte sollen nicht spezifisch beschrieben werden, sondern eher wie Metaphern funktionieren. Es geht mir um globale Perspektiven, um heutige Sozialutopien.»

Während die Kompositionen der Bechers von der absoluten Zentralität der Objekte lebten, gibt es bei Gursky nie eine Mitte, immer nur eine Reihung. Diese kann aber durchaus gehaltvoll sein. Das Großfoto *Paris, Montparnasse* von 1993, 421 cm breit, lässt sich einerseits als abstrakte Rasterkomposition lesen, andererseits bei näherem Hinsehen als Ansammlung Hunderter kleiner Bildchen, die einen begrenzten Einblick in die Wohnungen geben. «Gurskys Spätsommerbild verbindet das Porträt des Gebäudes zugleich mit einem Porträt seiner Mieter [...]. Mit der Langeweile der äußerlichen Ordnung ist es mit dem zweiten Blick vorbei: Die Phantasie kommt in Gang, und plötzlich spricht der Bau ‹Bände›.» (Michael Diers)

Halten wir fest, dass sich in den 80er Jahren und ganz besonders im Kreis der Becher-Schüler das große Format und die museale Präsentation inklusive Rahmen und Passepartout und die Edition in begrenzter Auflage durchsetzten. Manches ist auch in der Fotografiegeschichte einfach: Der boomende Kunstmarkt für Fotografie verlangte nach anderen Warenformen. Plattenabzug, Buch, Mappe, Portfolio, Zeitschrift waren nicht mehr ausreichend. «Der Abzug wurde zum eigentlichen Werk.» (Esther Ruelfs)

Nach dem Ende der analogen Fotografie

Die Fotografie wird also konvertiert. Man hatte sie mehrfach totgesagt, in den 70er Jahren, als das Silber knapp wurde, seit den 80er Jahren aufgrund der immer wieder neu auf den Markt kommenden und immer zugänglicher werdenden optischen Medien. Und zuletzt im Kontext der digitalen Revolution. Letztere allerdings hatte der Fotografie einen unvorhersehbaren Aufschwung gebracht: Im Jahr 2010 haben 8,5 Millionen Deutsche eine neue Digitalkamera gekauft. 36 Prozent von ihnen gaben an, sie würden im Jahr mehr als 1000 Bilder schießen. Wo diese dann enden, in welchem digitalen Nirwana und wie lange, das ist eine andere Frage. Gleichwohl, in den sozialen Netzwerken ist die Fotografie ein so beliebtes Kommunikationsmittel geworden, dass man gestimmt ist, jene eingangs zitierte Grußadresse zum fünfzigsten Jahrestag der Veröffentlichung der Fotografie zu wiederholen und vielleicht Abstriche bei dem Wort «intellektuell» zu machen: «Unglaublich in der Tat scheint die alles durchdringende Kraft dieser vom Licht getragenen Göttin zu sein. Fotografie ist eine besonders wertvolle Waffe, die der Menschheit für ihr intellektuelles Weiterkommen gegeben wurde.»

Was nun die «höheren» Anwendungen der Fotografie betrifft, so hatte sie sich einerseits im Schatten des technologischen Fortschritts arrangiert und arrondiert, war sie zur Ruhe einer in die Jahre gekommenen, historisch gewordenen Ausdrucksform gelangt. Andererseits versuchte sie die technologische Revolution, die das Ende der analogen Aufnahmetechnik brachte, nicht nur anzuwenden, sondern auch zu reflektieren.

Die Konversion auf digitale Daten bedeutet zunächst einmal eine neue Herstellungsweise, aber kein neues Ergebnis. Wer sich über die Qualität der Abzüge oder Abdrucke seiner Aufnahmen beklagt, muss zur Kenntnis nehmen, dass die Einführung des Kunststoffpapiers schon lange vor der Einführung der Digitalkamera zu Ergebnissen führte, die man noch in den 60er Jahren in den Ausschuss getan hätte. Die konzeptionelle Fotografie, die oft auf kunstlose, amateurhafte Bilder setzte, hatte im Grunde die Qualitätsstandards für künstlerische Fotografie gesenkt –

schon bevor dies die Labors und die allgemeine Akzeptanz taten. Das gepixelte Bild ist ein Novum, aber kein grundstürzendes, wenn wir die optische Wirkung berücksichtigen. Dass auf digitaler Basis Bilder leichter bearbeitet werden können, mag schon in ontologische Dimensionen des Mediums vordringen, ist aber wiederum nichts wirklich Neues, was die Effekte angeht: Manipulierte Fotografien hatte es immer schon gegeben. Beflügelt durch das massenhafte Vorkommen von Bildbearbeitung ist in den letzten Jahren die Vorgeschichte dieser Praktiken intensiv erforscht worden, und der Wirklichkeitsanspruch der Fotografie wurde in der Theorie immer geringer gehandelt. Aber da Fotografien weiterhin von Kameras produziert werden und aussehen wie Fotografien und als solche eingesetzt werden, wird auch ihre Rezeption weiterhin mit diesem Grundvertrauen operieren: dass bisweilen getäuscht wird, um sich wieder aufzubauen usw. Denn grundsätzlich gilt: Wenn getäuscht werden kann, muss auch nicht getäuscht werden können.

Den Künstlern, die mit Fotografie arbeiten, hat die Umstellung auf das digitale Verfahren natürlich keine Ruhe gelassen. Jeff Wall, der sowohl mit «integralen» Aufnahmen gestellter Szenen als auch mit digitalen Montagen arbeitet, sagte in einem Interview 1996: «Das [montierte] Bild ist eine Relation ungleicher Dinge, die Montage wird verborgen, maskiert, ist aber auf eine essentielle Weise gegenwärtig. Ich fühle, daß meine digitalen Montagen dies explizit machen, daß sie sich aber nicht essentiell von meinen ‹integralen› Aufnahmen unterscheiden.» Das ist ein verwirrendes Statement: Wie kann etwas essentiell sein und sich essentiell nicht von seinem Gegenteil unterscheiden? Die Unsicherheit ist aber vor allem auf der Seite des Betrachters. Die digitalen Aufnahmen haben etwas – aber was? Einen zentralen Beitrag zur Ontologie der Fotografie leistete in der Zwischenkriegszeit der Propagandist des Bauhauses, der Ungar Ernö Kallai. Ihm stellte sich die Frage, ob die Fotografie sich bei den aktuellen Kunstformen der Collage und Montage beteiligen könnte. Seine Antwort war negativ. Ihr fehle «die optisch wahrnehmbare Spannung zwischen Bildstoff und Bild», oder, um es mit einem Zentralbegriff der Moderne zu sagen,

Fotografien haben keine Faktur, bzw. ihre Faktur, die Kallai «Lichtfaktur» nannte, ist von einer unbestimmten Tiefe. In der Tat, das fotografische Korn, also die Menge der sensiblen Teilchen, schwimmt wie in einer Emulsion, und diese fluide Verteilung kann nach Kallai keine Ansatzpunkte und Widerstände für den Bau eines kompositen Bildes abgeben. Dem digitalen Bild jedoch eignet eine gewisse Starre oder tiefenstrukturelle Festigkeit im Sinne von Kallai. Das rührt daher, dass die Pixel ganz regelmäßig verteilt sind. Damit wäre eine Montage und Retusche auch optisch überzeugend möglich, wenn man nicht überhaupt darauf verzichtet, seine Bilder «wie Film» aussehen zu lassen, und die Pixelstruktur sichtbar herausstellt – mit zerfressenen Konturen und silbrigen Tönen. Aber auch das normale digitale Bild hat ein künstliches Gepräge, das auf verwirrende Weise gegen unsere Wahrnehmung von Fotografien und Realitäten absticht. Die «digitale Faktur» ist nach wie vor ohne stoffliche Struktur, aber sie hat einen Ordnungsgrad, der das alte Postulat von Moholy-Nagy, ein Bild müsse man durch ein Telefon durchgeben können, möglich macht.

Die meisten Künstler bearbeiten aber den Systemwechsel auf andere Weise. Hier muss man zunächst zwischen zwei verschiedenen Tiefen der Bildbearbeitung und -produktion unterscheiden. Die digitale Bildbearbeitung greift in die Daten einer vorausgehenden Aufnahme ein. Wir haben oben Andreas Gursky angesprochen, der seit den 90er Jahren die digitale Manipulation anwendet. Bei ihm spielt die Breite eines Objektes und damit des Bildes eine wichtige Rolle – die Breite als Indiz unendlich fortsetzbarer Mengen und Strukturen. Als er in Paris das Scheibenhochhaus im Stile Le Corbusiers fotografierte (*Paris, Montparnasse*, 1993), war das Bauwerk für ein Aufnahmeformat einfach zu weit, also mussten zwei Bilder aneinandermontiert werden. Im Falle einer Rheinlandschaft oder eines Supermarktes wurden dagegen Aufnahmen desselben Abschnitts digital aneinandergesetzt.

Digital arbeiten kann aber auch Post-Fotografie heißen. So bezeichnet man ein bildgebendes Verfahren, das ohne Kamera und ohne Objekt auskommt und allein am Computer diverse

Bildmaterialien oder digital generierte optische Phänomene zusammenbaut. «Das neu entstandene *fotografisch anmutende Bild* ist dann nicht mehr die Abbildung eines Gegenstandes, sondern simuliert lediglich die Repräsentation eines solchen.» (Anette Hüsch) Ich habe die glückliche Formulierung «das fotografisch anmutende Bild» kursiv gesetzt, um wieder darauf hinzuweisen, dass auch in der Post-Fotografie der Rezeptionsrahmen die Fotografie, das seit 1839 bestehende Medium bleibt. An sich könnte man annehmen, dass mit der Post-Fotografie ein Triumph in der Mediengeschichte zu feiern war. Aber das etablierte und an vielen Herausforderungen gewachsene Medium ist so stark, dass auch die Post-Version gar nicht anders kann, als mit den Möglichkeiten und Beschränkungen der Fotografie zu arbeiten und zu kämpfen. Was auf dem Gebiet der Literatur die Geister eine Zeit lang bewegt hat, das Phänomen Hypertext und der damit einhergehende Abbau der Autorfunktion, hat in der Fotografie keine Spuren hinterlassen. Im Gegenteil, möchte man sagen. Wenn Jeff Wall der absolute Vorzeigekünstler der Szene ist, dann gilt sein Erfolg nicht von ungefähr einer Kunst der «total control».

Es verwundert nicht, dass viele Digitalfotografen die Aufgabe des Porträts oder der Personendarstellung bearbeiten. Gesichtszüge registrieren und erinnern wir am genauesten, nichts irritiert uns nachhaltiger als Störungen dieser Gewissheiten. In der wichtigen Ausstellung *Fotografie nach der Fotografie* (1995) erprobte eine Reihe von Künstlern «die neuen Tools [...] am menschlichen Körper, am menschlichen Gesicht: Körper werden deformiert und hybridisiert (Inez van Lamsweerde), konstruiert (Keith Cottingham, Fictitious Portaits, 1992), Gesichter werden ‹gefaltet› (Valie Export, o.T., 1989), ihres Antlitzes (Anthony Aziz/Sammy Cucher, The Dystopia Series, 1994), ihrer Individualität (Nancy Bursons, Chimärenserie, 1982 ff.) beraubt.» (Susanne Holschbach) Das Cover des Ausstellungskataloges zierte eines der «fiktiven Porträts» von Keith Cottingham (Jahrgang 1965) (Abb. 36). Diese aus Samples menschlicher Gesichtsteile «am Schneidetisch» zusammengesetzten Gesichter verraten ihre Künstlichkeit zuallererst dadurch, dass sie mehrfach auftreten, zu zweit oder zu dritt, und nach Abzug sekundärer Merkmale wie z. B. der Frisur auf gespenstische Weise identisch aussehen. Cottingham und die anderen «Bodyartists» thematisieren in ihren «Post-Fotografien» Visionen einer posthumanen Zukunft, wie sie das Potenzial gentechnischer Manipulationen nahelegt. Aber noch einmal: Sie erzielen diese Effekte im Rahmen einer fotografie- und kunsthistorischen Tradition des Bildes und der Bildaufgabe. Über diesem vertrauten Grund entsteht ein Reflex, den Susanne Holschbach «digital trouble» nennt, eine Irritation durch diese «instabilen Bilder», in denen die Clons hin und her schwanken zwischen Allgemein und Individuell, Kunst und Natur, Fotografie und Post-Fotografie. «Durch die elektronische Re-Produktion», sagt Cottingham, «kann ich den Mythos Fotografie sowie ihren privilegierten Anspruch auf ‹Wirklichkeit› ein wenig ins rechte Licht rücken, indem ich von diesem Mythos Gebrauch mache, während ich ihn gleichzeitig zur Kritik an der wichtigsten Erfindung der Moderne – am Subjekt, am modernen Begriff von Persönlichkeit – mißbrauche.» Urs Lüthi hat diesem «trouble» ironisch eine positive Note abgewinnen können: «Insecurity keeps you young», so das Motto einer Serie von 1997.

Dann gibt es natürlich auch Arbeiten, für die der Computer bzw. das Internet selbst Material sind. Thomas Ruff z. B. hat in der Serie *Nudes* (2001) das zahlenstärkste Bildmotiv des Internets, die Pornographie, ausgewählt und bildnerisch die Gattung Thumbnail aufgegriffen, jene Bildchen, welche zum Anklicken des großen Formats einladen. Ruff hat diese Aufforderung übertreibend angenommen und die Lockbilder gleich ins tafelbildgroße Format übersetzt. 1922 schrieb Marcel Duchamp an Alfred Stieglitz: «Sie wissen genau, was ich über die Fotografie denke. Ich sähe gern, wenn sie die Menschen dazu brächte, die Malerei zu verachten, bis etwas anderes die Fotografie unerträglich macht.» Letzteres ist noch nicht geschehen.

Literaturhinweise

Zur Theorie der Fotografie

Wolfgang Kemp und Hubertus von Amelunxen (Hrsg.),Theorie der Fotografie, München 1979 ff., 4 Bde.

Rolf H. Krauss, Photographie als Medium. 10 Thesen zur konventionellen und konzeptionellen Photographie, Ostfildern 1995 (zuerst 1979)

Peter Geimer (Hrsg.), Ordnungen der Sichtbarkeit. Fotografie in Wissenschaft, Kunst und Technologie, Frankfurt/Main 2002

Wolfgang Kemp, Foto-Essays zur Geschichte und Theorie der Fotografie, München 2006 (zuerst 1978)

Peter Geimer, Theorie der Fotografie zur Einführung, Hamburg 2009

Zur Methodologie der Fotogeschichte

Martin Gasser, Histories of Photography 1839–1939, in: History of Photography 16, 1992, S. 50 ff.

Anna McCauley, Writing Photography's History before Newhall, in: History of Photography 21, 1997, S. 85 ff.

Fotogeschichte Hefte 63 und 64, 1997

Douglas R. Nickel, History of Photography: The State of Research, in: The Art Bulletin 83, 2001, S. 548 ff.

Geschichte der Fotografie, Überblickswerke und Phasen

Fritz Kempe, Fotografie zwischen Daguerreotypie und Kunstfotografie, Hamburg 1977

Ursula Peters, Stilgeschichte der Fotografie in Deutschland 1839–1900, Köln 1979

Floris M. Neusüss, Fotografie als Kunst – Kunst als Fotografie, Köln 1979

Jörg Kriechbaum, Lexikon der Fotografen, Frankfurt/Main 1981

Peter Galassi, Before Photography. Painting and the Invention of Photography, New York 1981

Walter Koschatzky, Die Kunst der Fotografie, Salzburg 1984

Beaumont Newhall, Geschichte der Fotografie, München 1984

Erika Billeter, Malerei und Fotografie im Dialog, Bern 1984

Naomi Rosenblum, A World History of Photography, New York 1984

Hubertus von Amelunxen, Die aufgehobene Zeit. Die Erfindung der Fotografie durch William Henry Fox Talbot, Berlin 1988

Silber und Salz. Zur Frühzeit der Fotografie im deutschen Sprachraum 1839–1860, Heidelberg 1989

Steffen Siegel, Neues Licht. Daguerre, Tolbot und die Veröffentlichung der Fotografie im Jahr 1839, München 2014

On the Art of Fixing a Shadow. One Hundred and Fifty Years of Photography, Washington 1989

Bernd Busch, Belichtete Welt. Eine Wahrnehmungsgeschichte der Fotografie, München 1989

Kunst mit Fotografie. Die Sammlung Dr. Rolf H. Krauss, o. O. 1989

Rainer Wick (Hrsg.), Das Neue Sehen, München 1991

Photographie des 20. Jahrhunderts. Museum Ludwig Köln, Köln 1996

Wilfried Baatz, Geschichte der Fotografie, Köln 1997

Michel Frizot, Neue Geschichte der Fotografie, Köln 1998

Ian Jeffrey, Revisions: an Alternative History of Photography, Bredford 1999

Zeitgenössische deutsche Fotografie. Stipendium der Alfred Krupp von Bohlen und Halbach-Stiftung 1982–2002, Göttingen 2003

Uta Grosenick und Thomas Seeling (Hrsg.), Photo Art. Fotografie im 21. Jahrhundert, Köln 2007

Felix Thürlemann und Bern Stiegler, Meisterwerke der Fotografie, Stuttgart 2011

Techniken und Ausdrucksformen

Marnie Gillot und Paul Berger (Hrsg.), Digital Photography: Captured Images, Volatile Memory, New Montage, San Francisco 1988

Floris M. Neusüss, Das Fotogramm in der Kunst des 20. Jahrhunderts, Köln 1990

Stefan Iglhaut, Hubertus von Amelunxen und Alexis Cassel (Hrsg.), Fotografie nach der Fotografie, München 1995

Cornelia Kemp, Artikel Fotogramm, in: Reallexikon zur deutschen Kunstgeschichte, Bd. 10. Lieferung 112. München 2006, Sp. 436 ff.

Susanne Holschbach, Foto/Byte. Kontinuitäten und Differenzen zwischen fotografischer und postfotografischer Medialität, in: mhtml:file://F:\Medien Kunst Netz Foto-Byte Kontinuitäten (letzter Zugriff 20. Januar 2011)

Cornelia Kemp, Foto und Film: Die Technik der Bilder, München 2017

Personenregister

Kursive Seitenzahlen verweisen auf Bildunterschriften.